PROFI-TIPS

RENATE ETTL

von KAY WIENRICH

WESTERN-REITEN

REINING

PROFI-TIPS RENATE ETTL

von KAY WIENRICH

WESTERN-REITEN

REINING

KOSMOS

Die 99 Farbfotos wurden aufgenommen von Renate Ettl.

Umschlaggestaltung von Atelier Reichert, Stuttgart, unter Verwendung von Farbfotos von Renate Ettl

Die Deutsche Bibliothek – CIP-Einheitsaufnahme

Profi-Tips von Kay Wienrich: Westernreiten Reining / Renate Ettl. – Stuttgart : Kosmos, 1997
ISBN 3-440-07333-5
NE: Ettl, Renate; Wienrich, Kay

ISBN 3-440-07333-5
Lektorat: Sigrid Eicher
Herstellung: Heiderose Stetter
Printed in Germany/Imprimé en Allemagne
Satz: Steffen Hahn GmbH, Kornwestheim
Druck und buchbinderische Verarbeitung:
Westermann Druck Zwickau GmbH, Zwickau

Profi-Tips Westernreiten

Überall, wo Sie diesen Hut sehen, finden Sie einen besonderen Tip.

Grundlagen

Um reiterlich erfolgreich zu sein, sollte man von Anfang an um ideale Voraussetzungen bemüht sein. Nur wer bereits zu Beginn seiner angestrebten Reiterkarriere danach strebt, beste Grundlagen zu erarbeiten, wird auf dem immer steiler werdenden Weg nach „oben“ nicht verzweifeln und letztendlich auf der Strecke bleiben. Der Reiter ist nicht nur auf sich selbst angewiesen, nicht allein sein Wille und seine Leistungsbereitschaft sind ausschlaggebend, sondern auch die Initiative und aktive Mitarbeit seines Sportkameraden Pferd. Denn nur zusammen – als Team – können Reiter und Pferd zum Erfolg kommen. Die Kommunikation, die sportliche und faire Zusammenarbeit müssen vorhanden sein, um Grundlagen für einen Erfolg in der Turnierarena zu erreichen.

Nicht jedes Pferd aber ist bereit, willig mitzuarbeiten. Genauso wie es unter den Menschen einige gibt, denen eine Arbeit schnell von der Hand geht, und andere, die „zwei linke Hände“ haben, so gibt es auch individuell verschiedene Pferde. Das Pferd wird von der Gesellschaft in erster Linie als Sportkamerad betrachtet, wobei von ihm wie selbstverständlich erwartet wird, daß es sich auch als sportlicher Partner zur Verfügung stellt. Es gibt dabei Reiter, die keine Rücksicht darauf nehmen, ob das Pferd nun zu den Leistungen, die es erbringen soll, auch veranlagt ist. Diese Erwartungshaltung besteht zwar oft aus Unwissenheit, ist aber trotzdem falsch. Wie viele Spitzensportler gibt es, die aufgrund ihrer sportlichen Leistungen an Olympiaden und Weltmeisterschaften teilnehmen können? Und wie viele Freizeit- oder Breitensportler kämpfen in den „unteren“ Ligen um die vorderen Plätze? Ein C-Klasse-Fußballspieler beispielsweise wird – und wenn er sich noch so bemüht – niemals in der Bundesliga spielen können (geschweige denn in der Nationalmannschaft), wenn er nicht das entsprechende Talent hierzu mitbringt. Da nützt auch das härteste Training nichts.

Das Talent ist eine erbliche Veranlagung, bei den Menschen sagt man in diesem Fall: Jemand ist „sportlich“. Nur ein talentierter Mensch hat die Voraussetzungen, eine Leistungsstufe zu erreichen, mit der er dann in einer höheren Liga spielen könnte. Doch auch diese Voraussetzung allein genügt nicht. Hinzu muß ein hartes, aber gut durchdachtes Trainingsprogramm kommen, und nicht zuletzt sind der Ehrgeiz und Leistungswille des Spielers entscheidend dafür, ob er – meist erst nach jahrelangem Training – den Sprung nach ganz oben schaffen kann. „Jahrelanges Training“ umfaßt nicht nur das Erlernen und Verfeinern der Technik, die für die jeweilige Sportart oder Disziplin vonnöten ist. Mindestens ebenso wichtig ist die Erfahrung, die man nicht erlernen kann, sondern erleben muß, um daraus Nutzen ziehen zu können. Aus diesem Grund ist die Zeitspanne, in der die Erfahrung gemacht werden kann, ein nicht zu unterschätzender Faktor. Kein Erfolg stellt sich von heute auf morgen ein, er muß stets in mühsamer Kleinarbeit erarbeitet werden. Darum ist auf dem Weg zum Erfolg die Geduld ebenfalls sehr wichtig.

Bei den Pferden ist die Sachlage ähnlich. Nicht alle Pferde sind talentiert genug, gute Reining- oder Cuttingpferde zu werden. Um in einer bestimmten Disziplin des Reitsports Leistung zu erbringen, muß der Partner Pferd in erster Linie die für den jeweiligen Zweck notwendigen Voraussetzungen mitbringen, sei es das Gangvermögen des Dressurpferdes, das Springvermögen des Springpferdes oder eben beispielsweise das Stopvermögen des Reiners. Darüber hinaus müssen zukünftige Turnieraspiranten neben den körperlichen Voraussetzungen die Bereitschaft haben, sich trainieren zu lassen. Das heißt, sie müssen in der Lage sein, physischen und psychischen Druck zu akzeptieren, zu verarbeiten und umzusetzen.

Der Mensch muß als Trainer oder lediglich als Reiter diesen Druck so anwenden können, daß dieser für das Pferd verständlich und somit umsetzbar wird. Ein unfähiges oder unwilliges Pferd mit Tricks zur Mitarbeit zwingen zu wollen, wird weder zu dauerhaftem Erfolg führen, noch Spaß machen, geschweige denn ästhetisch wirken. Wie schon Xenophon sagte: „Erzwungenes und Unverstandenes ist niemals schön ..." Der Anblick von Reiter und Pferd sollte dem Zuschauer immer einen ästhetischen Eindruck vermitteln. Das ist aber nur der Fall, wenn beide willig zusammenarbeiten – als Team. Die Auswahl eines „idealen" Pferdes steht darum im Mittelpunkt, will man sich auf eine erfolgreiche Reiterkarriere sinnvoll und ernsthaft vorbereiten. Der spätere Erfolg wird oftmals schon im Ansatz eingeleitet oder eben auch vereitelt. Es gilt darum, für die Disziplin, die man reiten will, ein Pferd zu finden, das ebenfalls in dieser Disziplin gehen will und den Aufgaben, die dieser Sport stellt, physisch und psychisch gewachsen ist.

Der Pferdetyp

Der Typ eines Pferdes ist im ersten Augenschein nur sehr selten zu bestimmen. Der Gesichtsausdruck und das Benehmen sagen im allgemeinen zwar schon einiges aus, der erste Eindruck kann aber auch täuschen. Praktisch ist es, ein Pferd genauer kennenlernen zu können, bevor man es für seine Zwecke auswählt. Ein für den Sport geeignetes Pferd muß mental ausgeglichen sein, es sollte eine gute Aufzucht genossen haben und darf mit keinerlei schlechten Erfahrungen belastet sein. Ein „klarer" Kopf ist wichtiger als kleinere körperliche Mängel, die durch Leistungsbereitschaft meist ausgeglichen werden können. Körperlich ideale Voraussetzungen nutzen aber wenig, wenn das Pferd nicht den Willen mitbringt, sich trainieren zu lassen.

Körperliche Voraussetzungen

Ein absolut perfektes Pferd wird man niemals finden, das gibt es ganz einfach nicht. Irgendeinen Fehler – meist eher mehrere – hat jeder Vierbeiner. Es gilt aber, das Pferd zu finden, das die wenigsten Fehler im Exterieur aufweist und somit die besten Voraussetzungen zu einem guten Sportpferd mitbringt. Wenn man ein Pferd sucht, das die optimalen Grundlagen für ein Reining-, also ein Westerndressurpferd aufweist, hat man überhaupt ein gutes Pferd, das in anderen Westernreitdisziplinen ebenfalls Freude bereitet. Ein korrektes und gut durchtrainiertes Pferd ist natürlich auch im Gelände oder im Trailparcours brauchbar. Dennoch wollen wir uns hier auf das Reiningreiten als sogenannte Königsdisziplin des Westernreitens konzentrieren.

- Den Kopf wünscht man sich fein mit großen Augen und Nüstern. Weit auseinanderliegende und große Augen ermöglichen ein umfassendes Sichtfeld. Große Nüstern können mehr Luft aufnehmen als kleine, schmale. Ein Tier, das mehr Luft einatmen kann, ist auch leistungsfähiger, weil es das Blut und die Muskeln besser mit Sauerstoff versorgen kann.
- Im gesamten betrachtet sollte das Genick des Pferdes in natürlicher Selbsthaltung nicht wesentlich höher sein als der Widerrist.
- Eine gute Ganaschenfreiheit ist wichtig. Sie ermöglicht dem Pferd, mit dem Kopf nachzugeben.
- Ein ausgeprägter Widerrist läßt den Sattel gut liegen.
- Eine starke Lendenpartie und eine lange, schräge Kruppe sind beim Western-

Den Kopf wünscht man sich fein mit großen Augen und Nüstern: ARC Genuine Oak *im Besitz von Bernd Fischer.*

pferd sehr wichtig, ebenso wie der tiefe Schweifansatz.

- Eine schräge Schulter ermöglicht dem Pferd, weit mit der Vorhand auszugreifen, und ist darum erwünscht. Man erhält viel Raumgriff und zugleich weichere Gänge, da eine schräge Schulter die Stöße besser abfangen kann, als es eine steile vermag. Man sollte aber eine nicht zu stark bemuskelte Schulter bevorzugen, da ansonsten die Mobilität des Pferdes behindert wird. Vor allem bei schnellen Drehungen wie dem *Spin* wird dies deutlich.

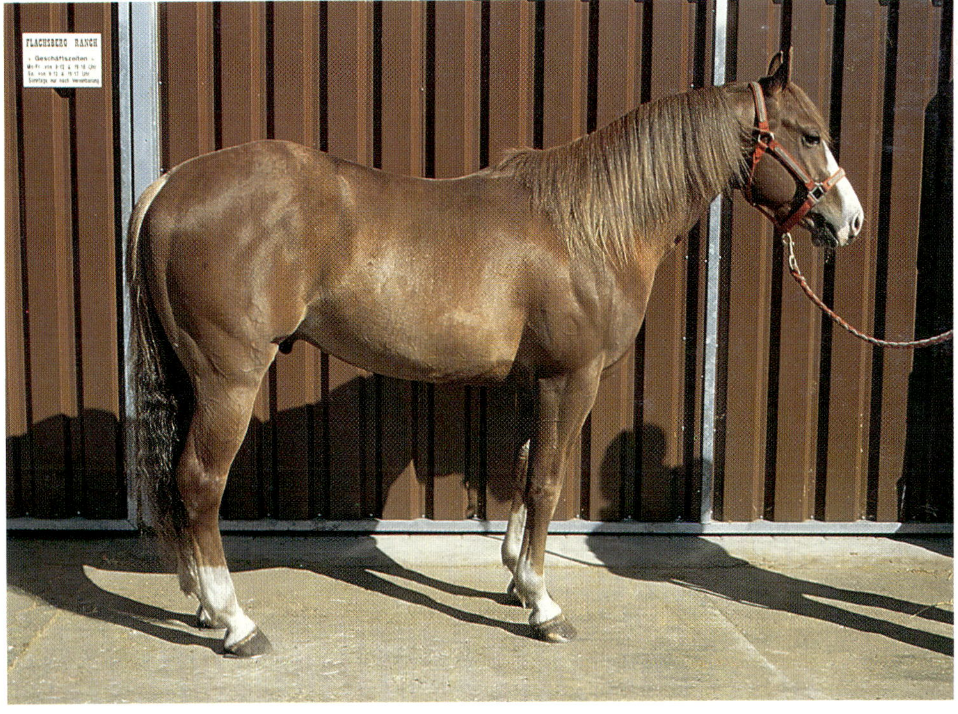

Für ein zukünftiges Reiningpferd ist ein ausgewogenes Exterieur wichtig: Gut angesetzter Hals mit genügender Ganaschenfreiheit sowie eine entsprechende Winkelung der Hüfte und Schulter.

• Die Beine dürfen bei der Beurteilung eines Pferdes keineswegs vernachlässigt werden. Gerade sie sind besonders wichtig, weil sie die Last von Reiter und Pferd tragen und beim Reiningsport gewissen Belastungen standhalten müssen. Nur eine korrekte Beinstellung wird mitunter dafür Sorge tragen können, daß kein frühzeitiger Verschleiß eintritt. Kurze Röhren sind zu bevorzugen, da sie stärker gebaut sind und die Stabilität des Pferdes erhöhen. Dagegen darf der Unterarm gut ausgeprägt sein.

• Selbstverständlich sollte man extreme Stellungsfehler wie eine ausgeprägte zehenenge und kuhhessige Stellung vermeiden. Man kann eine leicht zehenweite Stellung akzeptieren, aber sie sollte sich im Rahmen halten.

• Ein gut ausgeprägter, weiter Huf kann das Gewicht des Pferdes gut tragen. Bei engen und kleinen Hufen kann es dagegen im Laufe der Zeit gesundheitliche Probleme geben.

• Betrachtet man das Pferd im gesamten, sollte die Unterlinie länger sein als die Oberlinie. Das Pferd soll einen relativ kurzen Rücken und eine gute Gurttiefe haben. Ist das Tier in dieser Hinsicht wohlproportioniert, hat es in der Regel auch keine übermäßigen Gebäudefehler und ist für das Westerntraining geeignet.

• Das Pferd darf in seinem Rahmen eher langrechteckig als quadratisch sein, da die in der Oberlinie sehr kurz gebauten Pferde in den Manövern schnell mit der Hinterhand zu tief kommen und infolgedessen die Vorhand zu hoch gerät, was als Fehler bewertet wird.

Im Laufe der Zeit bekommt man mit zunehmender Erfahrung einen Blick für Pferde mit gutem Gebäude. Es ist empfehlenswert, jede Gelegenheit zu nutzen, sich viele Pferde anzusehen und sie miteinander zu vergleichen. Es wird nicht allzu lange dauern, bis man das Pferd mit dem besseren Exterieur schon rein gefühlsmäßig bevorzugt.

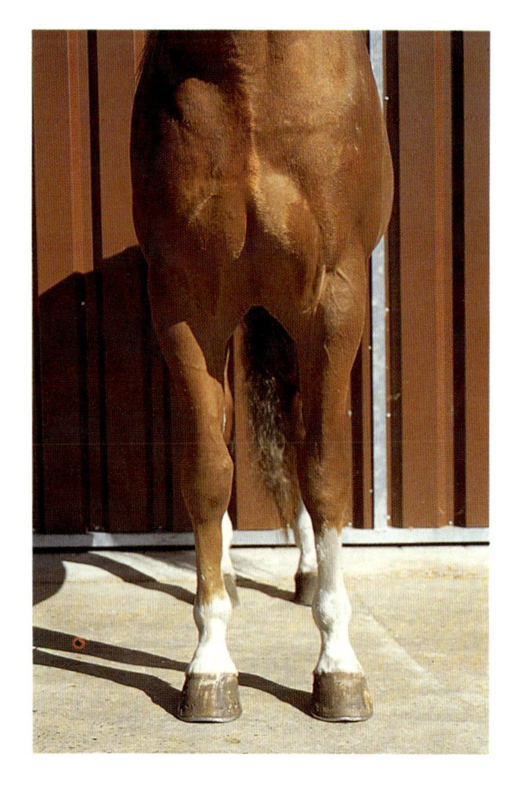

Korrekte Stellung mit gut ausgeprägten Gliedmaßen und guten „offenen" Hufen sind für die Gesunderhaltung eines Reiningpferdes von existenzieller Bedeutung.

Die Praxis hat erwiesen, daß ein langrechteckiges Gebäude ein durchaus wünschenswertes Exterieurmerkmal für ein Reiningpferd ist. Solche Pferde tauchen im Gegensatz zu quadratischen Pferden mit extrem kurzem Rücken vor allem beim *Sliding stop* nicht so schnell mit der Hinterhand ab und kommen infolgedessen mit der Vorhand auch nicht zu hoch. Sie können sich in vielen Manövern dadurch besser ausbalancieren.

Psychische Voraussetzungen

Die Beurteilung der psychischen Veranlagung, des Interieurs eines Pferdes, ist

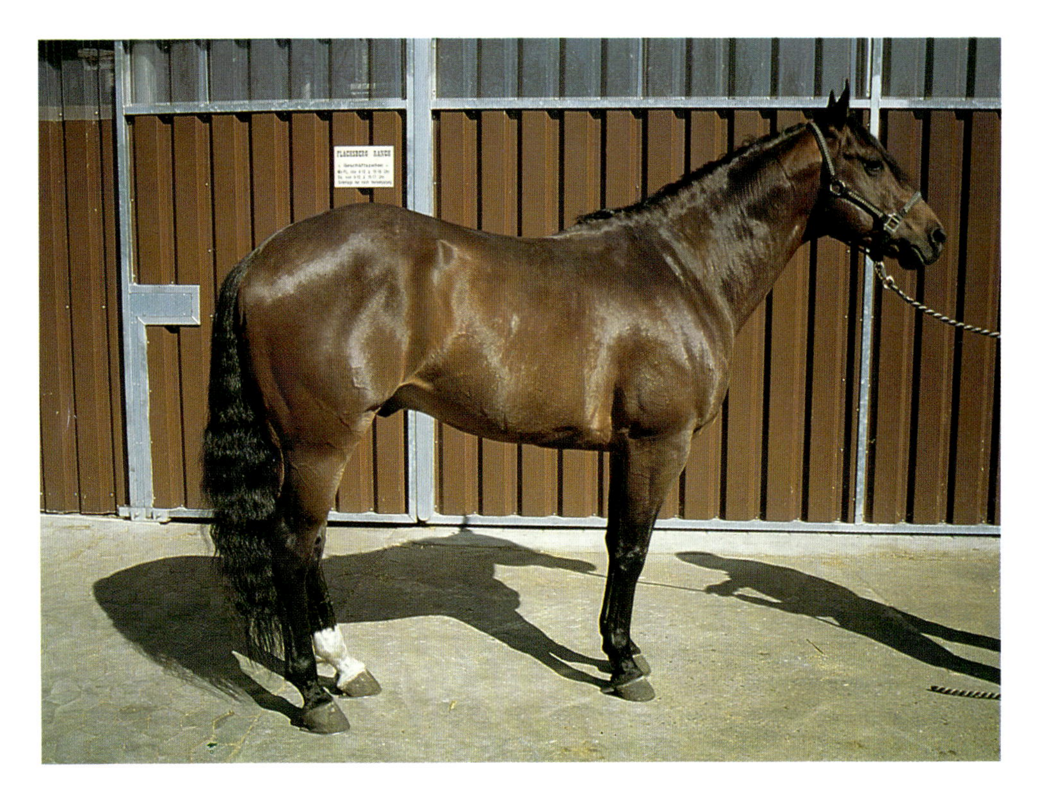

Der Reiningprospect sollte eher einen langrechteckigen als einen quadratischen Körperbau haben. Das Bild zeigt den Quarter Horse-Hengst Ima Sanpeppy Smoke, *einen Sohn des Reined Cow Horse Futurity Champions* Sanpeppy Smoke, *im Besitz der Moon Ranch.*

im allgemeinen schwieriger, als dessen Äußerlichkeiten einzuordnen. Man kann das Interieur erst einschätzen, wenn man mit dem entsprechenden Pferd eine Weile gearbeitet hat. Bevor man ein Pferd ins Training nimmt, gilt es darum abzuchecken, mit welchem Pferdetyp man es zu tun hat.

Reagiert ein Pferd auf eine Hilfe widersetzlich, sollte man stutzig werden. Es muß geklärt werden, ob das Pferd die Hilfe aufgrund unzureichender Ausbildung nicht versteht, nicht verstehen will oder aber im Idealfall versucht zu verstehen. Stellt sich heraus, daß sich das Tier von seiner inneren Einstellung her nicht trainieren lassen will, ist man gut beraten, dieses Pferd als zukünftigen Reiningstar nicht in Betracht zu ziehen. Auch Pferde, die relativ grobe Hilfen benötigen und die man immer wieder extrem antreiben muß, sollte man zumindest als Hobbyreiter nicht wählen. Faule Tiere werden als Reiningpferde meistens nicht glücklich, und ganz selten werden sie zu herausragenden Leistungen fähig sein. Pferde, die einen willigen Eindruck machen und über ein ausgeglichenes Temperament verfügen, sind dagegen meist sehr geeignet. Gute Leistungen kann ein Pferd nur bringen, wenn es leistungsbereit ist, das heißt, es muß Spaß daran haben, Reiningmanöver auszuführen. Ein unwilliges oder faules Tier wird man nie zu Höchstleistungen zwingen können.

Es gibt noch eine andere Kategorie von unwilligen Pferden: die sogenannten „sauren" Pferde. Diese Pferde wurden entweder durch übermäßiges Training oder übertriebenen Turniereinsatz überfordert und dadurch unwillig und leistungsschwach. Solche Tiere sind sehr schwer wieder an die Hochklassigkeit eines guten Turnierpferdes heranzuführen, auch wenn sie das Potential dazu hätten. Meist erreichen solche Pferde auch durch langsamen Neuaufbau niemals mehr die Leistungsfähigkeit, die sie früher einmal hatten. Überforderte Turnierpferde geben in der Regel zwar gute Freizeit- und Lehrpferde ab, müssen aber als Turniercracks ausgemustert werden.

Pferde, die frühzeitig verheizt wurden, gibt es heute nicht mehr so häufig, da die meisten Pferde reine Spezialisten für eine bestimmte Disziplin geworden sind, so daß zehn- oder zwölffacher Turnierstart an einem Tag pro Pferd nur noch sehr selten vorkommt. Häufiger dagegen findet man abgestumpfte Pferde, die auf Reiterhilfen nicht mehr sensibel genug reagieren. Waren diese Pferde einmal mit fundamentaler, tiefgreifender Basis gut trainiert, so sind solche Tiere nach einer Korrekturphase normalerweise wieder sensibel zu bekommen. Ob es sich nun aber um ein stures, saures, abgestumpftes oder faules Pferd handelt – all diese Typen sind für ein gutes Westernpferd nicht geeignet, wenn man damit auf Turnieren starten will.

Wenn man nun sture und abgestumpfte Pferde vermeiden will, wie sieht es dann mit einem gegensätzlichen Typ aus? Gleich vorweg ist zu sagen, daß sensible Pferde immer erwünscht sind. Man darf sensible Pferde aber nicht mit nervösen Pferden verwechseln. Ein Pferd ist sensibel, wenn es schnell und gut auf eine Reiterhilfe anspricht und willig reagiert. Ein sensibles Pferd benötigt nicht viel Druck, es kann sozusagen mit dem „kleinen Finger" geritten werden. Es genügt ein leichter Druck mit der Wade oder auch nur ein Höhernehmen der Hand, um dem Tier ein Zeichen zu übermitteln, auf das es sofort gehorcht.

Um die Sensibilität eines Pferdes voll ausnutzen zu können, muß das Pferd aber auch bereit sein, willig mitzuarbeiten und sich im Training „sensibilisieren" zu lassen. Es nützt alles nichts, wenn ein sensibles Pferd nicht mitarbeiten will. Die erwünschte und erforderliche Sensibilität eines Pferdes kann man leider sehr schnell zunichte machen. Bei falscher Handhabung und überzogenem Training werden nämlich manche Pferde sehr schnell sauer, oder aber sie neigen zur Nervosität und Ängstlichkeit. Es gilt darum in erster Linie zwar nach einem sensiblen Pferd Ausschau zu halten, in zweiter Instanz aber muß der Reiter stets darauf bedacht sein, diese Sensibilität auch zu erhalten. Sensibilität bedeutet, daß ein Pferd auf eine leichte Hilfe nicht explosionsartig, sondern adäquat reagiert. Leichte Hilfen müssen vom Pferd genauso feinfühlig beantwortet werden, wobei es auf eine entsprechend deutlichere Hilfengebung analog stärker reagieren muß. Auf jeden Fall aber muß das Pferd jede einzelne Hilfe abwarten können und darf dem Reiter keine Manöver vorwegnehmen.

Nervöse Pferde sind oftmals von Natur aus mit schwachen Nerven ausgestattet. Manchmal sind aber auch schlechte Erfahrungen schuld, wenn Pferde nervös reagieren. Schließlich kann ein zu früher und vor allem unvorbereiteter Turniereinsatz ein Pferd überbelasten, was sich nicht selten in Nervosität niederschlägt. Viele junge Pferde werden mit zunehmender Routine zwar ruhiger, doch völlig werden sie ihre Nervosität niemals ablegen können: ein Handicap für jeden Reiter, der aus diesem Grund öfter mit „verpatzten" Prüfungen rechnen muß. Ein nervöses Pferd gänzlich zu beruhigen, wird nur sehr selten gelingen. Es ist ein nicht zu unterschätzender Mehraufwand an Trainingsarbeit und -zeit notwendig, der auch dann nicht unbedingt erfolgversprechend sein muß. Nervöse Pferde sind zudem selten konzentriert genug, um sich voll ihrer Aufgabe in der Arena widmen zu können. Sie lassen sich leicht ablenken: vom Richter, von den Zuschauern oder von der Plakatierung an der Bande. Mit solchen Pferden ist es nicht einfach, eine gute Prüfung zu reiten. Sie machen schneller Fehler und geraten unter Umständen sogar außer Kontrolle. Das Training gestaltet sich langwierig und ist wenig erfolgversprechend. Ein gutes Pferd dagegen ist ruhig, aber dennoch sensibel, denn ein solches Pferd lernt in einer relativ kurzen Zeit von 15 bis 18 Monaten und mit wenig Aufwand verhältnismäßig viel, was sich natürlich recht günstig auf den Zeit-Geld-Faktor auswirkt, wenn man ein Turnierpferd trainieren läßt.

Für ängstliche Pferde gilt ähnliches: Angst ist oftmals die Grundlage für Nervosität. Ein Pferd kann von Natur aus ängstlich sein, aber meist liegt die Ursache in einer vorausgegangenen unsachgemäßen Behandlung. Ängstliche Pferde muß man mit viel Geduld langsam und ruhig an entsprechende Aufgaben heranführen. Man hat je nach Pferdetyp relativ wenig Chancen, das Pferd einigermaßen ruhig zu bekommen, vor allem benötigt man auch hier sehr viel Zeit und Geduld. Einen gewissen Grad von Mißtrauen aber wird ein ängstliches Pferd niemals ablegen. Für die Reining ist es in der Regel unbrauchbar. Für ein Trailpferd kann diese Ängstlichkeit jedoch unter Umständen sogar von Vorteil sein, weil solch ein Pferd nie gleichgültig an die Hindernisse herangehen, sondern immer sehr vorsichtig sein wird. Dann aber ist ein großes Vertrauensverhältnis zwischen Reiter und Pferd wichtig. Ansonsten würde das Pferd dazu neigen, die Bewältigung der Aufgabenstellung zu verweigern.

Das ideale Westernpferd ist sensibel und willig. Wenn man viel Glück hat, findet man mitunter ein Pferd, das auch noch ehrgeizig ist, was einem im Turniersport große Vorteile bringt, weil das Pferd von sich aus gute Leistungen zeigen will und darum konzentriert und mit großem Elan an die Sache herangeht. Die so erreichten Höchstleistungen sind schließlich Garanten für den Sieg.

Hengst, Wallach oder Stute?

Bei der Auswahl des zukünftigen Turnierpferdes sollte das Geschlecht nicht außer acht gelassen werden. Ein signifikantes Merkmal der Western- und Freizeitreiterei ist der Einsatz von Hengsten. Eine Statistik der DQHA (Deutsche Quarter Horse Association) besagt, daß auf jeden deckfähigen Hengst nur etwa vier Stuten kommen.

Am häufigsten werden auf den Turnieren Stuten geritten. Wallache sieht man vergleichsweise wenige. Das liegt unter anderem daran, daß die verhältnismäßig hohen finanziellen Aufwendungen, ein zukünftiges Westernturnierpferd zu beschaffen, dazu führen, daß man ein Pferd wählt, das nach seiner Turnierkarriere auch noch im Zuchteinsatz tätig sein kann. Trotzdem sollte sich der zukünftige Turnierreiter genau überlegen, für welches Pferd er sich entscheidet. Das prädestinierte Reitpferd ist nun einmal der Wallach. Ein guter Wallach ist auch meistens der Vertreter, der den Streß auf Turnieren am längsten aushält, da er sich am wenigsten ablenken läßt. Einen Hengst auf Turnieren zu reiten hat dagegen nur dann einen Sinn, wenn man das Tier unbedingt als zukünftigen Vererber behalten will. Dies bedingt aber auch, daß der Hengst sich vererben muß, das heißt, daß er die Eigenschaften, die er selbst hat, mindestens zum gleichen Teil an seine Nachkommen weitergibt. Ansonsten ist er zwar ein guter Reithengst, aber nur ein durchschnittlicher oder unterdurchschnittlicher Zuchthengst.

Reine Reithengste sind für den Turniersport im Grunde überflüssig. Ein Hengst ist naturbedingt dominanter und damit schwieriger zu trainieren. Er fordert einen Mehraufwand an Ausbildung und läßt sich zudem leichter ablenken. Ein

Ein Pferd wie der hier abgebildete ARC Genuine Oak *hat aufgrund seiner Abstammung sowie seiner inneren und äußeren Werte eine Existenzberechtigung als Hengst.*

Hengst wird immer versuchen, seine eigenen Vorstellungen durchzusetzen und das „Alphatier" herauszukehren. Wenn dann kein professioneller Reiter mit der Ausbildung dieses Tieres betraut ist, kann das unter Umständen sogar gefährlich werden. Auch ein Hengst, der jahrelang das Unschuldslamm in Person und immer lieb und brav war, bleibt ein Hengst. Jeder Profi wird bestätigen, daß er einem Hengst nur so lange traut, wie er ihn im Gesichtskreis behalten kann. Für die meisten Hobbyreiter ist – ungeachtet ihrer reiterlichen Qualifikation – ein Hengst daher ungeeignet.

Es gibt viele Situationen, in denen es auch keinen besonderen Spaß macht, einen Hengst zu reiten, denn wie man so schön sagt: „Ein Hengst macht einsam." Auf Kursen sieht man Hengstreiter mit ihrem Pferd oft abseits von den anderen Kursteilnehmern stehen, weil der Hengst sich nicht mit den anderen Pferden verträgt. Auf Wanderritten muß derjenige, der einen Hengst hat, immer für eine Extraunterkunft sorgen. Es gibt darum keinen vernünftigen Grund, einen Hengst zu reiten, wenn er nicht gleichzeitig in der Zucht eingesetzt werden soll. Die Hengsthaltung rechtfertigt sich allerdings erst dann, wenn der Hengst im Zuchteinsatz mindestens 10 bis 15 Stuten pro Jahr decken soll.

Über Stuten wird immer wieder gesagt, sie seien schwierig, zu unterschiedlich im Temperament und insbesondere in der Rosse sehr zickig. Dies trifft sicherlich auf einige Pferde zu, doch bei Westernpferderassen wie dem Quarter Horse kommt dieser Aspekt erfahrungsgemäß kaum zum Tragen. Viele gute Stuten, die sich im Turniereinsatz bewährt haben, zeigen auch während der Rosse keine wesentlichen Verhaltensänderungen. Eine gute Stute, die auf dem Turnierplatz ihre Lorbeeren erntete, mit guter Abstammung und korrektem Gebäude und von Leistungswillen geprägt, hat sicherlich nach dem Turniereinsatz eine Karriere als Zuchtstute vor sich. Wer sich also mit dem Gedanken befaßt, seinem zukünftigen Turnierpferd eine Laufbahn im Zuchteinsatz zu bescheren, ist mit der Anschaffung einer Stute gut beraten. Dennoch muß man sich darüber im klaren sein, daß die Kosten für das Decken, die Fohlenaufzucht und sonstigen Aufwendungen durchaus deckungsgleich mit dem Anschaffungspreis eines Jungpferdes sein können. Abgesehen davon hat man bei der Anschaffung eines Absetzers das Risiko ausgeschaltet, das Trächtigkeit und Geburt nun einmal mit sich bringen. Wer aber die dafür notwendigen Voraussetzungen mitbringt sowie Spaß daran hat, ein Fohlen aufzuziehen, ist mit einer Stute bestens beraten.

Dem reinen Reiter kann aber nur empfohlen werden, sich nach einem geeigneten Wallach umzusehen.

Tips zum Pferdekauf

Bevor man sich ins Auto setzt und auf die Suche nach dem idealen Pferd geht, sollten grundlegende Überlegungen angestellt werden. Ein sehr wichtiger Punkt, der geklärt werden muß, ist, für welchen speziellen Zweck man sich ein Pferd anschaffen will. Will man überwiegend in Reiningprüfungen nennen, oder startet man lieber im Trailparcours? Tendiert man eher zu einem ruhigen Pleasurepferd, oder bringen rasante Renndisziplinen ein größeres Vergnügen? Die Praxis hat gezeigt, daß gute Pferde in bestimmten Disziplinen fast immer Spezialisten sind. Gute Allroundpferde, die in jeder Disziplin glänzen, gibt es sehr selten. Sie müssen als große Ausnahme betrachtet werden. Wird einem ein Allroundpferd angeboten, ist dies meist ein Pferd, das in verschiedenen Disziplinen mit durchschnittlichen Leistungen eingesetzt werden kann und in der Regel ein sehr gutes Freizeitpferd abgibt, die Leistungsspitze eines „Spezialpferdes" in einer bestimmten Disziplin aber kaum erreichen wird.

Will man sich ein gutes Turnierpferd zulegen, muß man nach Spezialisten für „seine" Disziplin suchen. Aufgrund der Abstammung kann man bereits vermuten, für welche Disziplin ein Pferd geeignet ist. Hier kann man schon eine gute Vorauswahl treffen: Man sucht dabei nach Pferden einer bestimmten Linie. Die Abstammung ist auch das erste Auswahlkriterium beim Jungpferd.

Es ist außerdem ratsam, das zukünftige Turnierpferd nicht irgendwo zu kaufen, sondern fachlich kompetente Zucht- und Ausbildungsbetriebe auszuwählen. Hier wird man individuell beraten und findet in der Regel auch das beste Pferdematerial. Ob man von einem privaten Pferdehalter ein Pferd kaufen soll, hängt immer von den näheren Umständen ab. Zu klären ist in jedem Fall, warum jemand ein Pferd verkaufen will. Dabei muß man jedoch auf der Hut sein, denn die Antworten darauf lassen sich nur selten nachprüfen.

Wer selbst noch keine so große Erfahrung hat, sollte zur Pferdebegutachtung und bei Kaufverhandlungen auf jeden Fall einen Fachmann hinzuziehen, der das Pferd und den Vertrag objektiv beurteilen kann. Schließlich kann ein kompetenter Begleiter dem zukünftigen Pferdebesitzer bei der Auswahl des richtigen Pferdes allemal behilflich sein.

Daß Qualität ihren Preis hat, ist nicht nur ein geflügeltes Wort, es gilt selbstverständlich auch beim Pferdekauf. Es wäre utopisch zu denken, daß man für wenig Geld einen Champion kaufen kann. Viele Leute neigen dazu, sich darum ein junges Pferd oder ein „gutes Freizeitpferd" zu kaufen, wobei man nicht so tief in den

Geldbeutel greifen muß, da man glaubt, man könne aus einem solchen Pferd einen Champion machen. Dies kann bestenfalls sehr guten Reitern gelingen, wenn das Jungpferd die entsprechenden Voraussetzungen mitbringt. Sicherlich gibt es Freizeitpferde, die bislang nach ihren Fähigkeiten nicht ausgelastet waren. Unter diesen Pferden jedoch ein Siegerpferd zu finden ist ein reines Lotteriespiel. Meist wird man letzten Endes doch enttäuscht werden. Ein Pferd aber, das gut ausgebildet ist und gute Chancen hat, ein erfolgreiches Turnierpferd zu werden, hat auch seinen Preis. Je erfolgversprechender das Pferd, desto höher in der Regel auch die Kosten.

Letztendlich aber wird ein Pferd, mit dem man selbst gut zurecht kommt, für gewöhnlich größere Erfolge erzielen können als ein Pferd, das zwar bessere Voraussetzungen hat und unter einem anderen Reiter größere Leistungen bringen kann, jedoch nicht mit einem selbst harmoniert. Für großartige Leistungen sorgen nicht nur eine gute Ausbildung und ideale Voraussetzungen, die ein Pferd mitbringen muß, sondern auch die harmonische Zusammenarbeit zwischen Reiter und Pferd. Wenn diese Harmonie von Anfang an gestört ist, wird die Leistungsbereitschaft enorm absinken.

Der beste Garant für Turniererfolge ist ein Pferd, das auf eine Disziplin spezialisiert ist. Sogenannte Allroundpferde sind zwar in vielen Disziplinen einsetzbar, von ihnen kann man aber in der Regel nur durchschnittliche Leistungen erwarten.

Spitzenpferde sind fast immer Spezialisten, ein „Geheimtip" ist es deshalb, beim Pferdekauf ganz gezielt einen Ausnahmeathleten für eine Disziplin zu suchen. Wenn es dann zwischen Reiter und Pferd auch noch mit der Harmonie stimmt, sind herausragende Leistungen nahezu vorprogrammiert.

Ein schlechtes Pferd frißt in der Regel genausoviel wie ein gutes Pferd, heißt es, und ist darum im Unterhalt gleich teuer. Entschließt man sich für ein top ausgebildetes Pferd, sollte auch gewährleistet sein, daß der Ausbildungsstand erhalten werden kann. Ist der Käufer eines Spitzenpferdes vom reiterlichen Standpunkt aus nicht fähig, das Pferd entsprechend im Training zu halten, hat sich der Kaufpreis nicht gelohnt, da das Tier leistungsmäßig abbauen wird. Der Reiter kann allerdings von einem solchen Pferd viel lernen. In diesem Fall sollte man bereit sein, das Pferd bei einem Profireiter im Training zu belassen – dann muß man allerdings mit monatlichen Mehraufwendungen rechnen –, oder man reitet im Rahmen seiner Fähigkeiten und kauft sich das Pferd, dessen Ausbildungsstand diesen Voraussetzungen entspricht.

Der Trainingsalltag

Das regelmäßige Training bildet den Grundstock für den späteren Erfolg. Dabei sind die Übungen einer Trainingseinheit allein nicht das Wesentliche. Hinzu kommen noch andere wertvolle Aspekte, die zu einem erfolgreichen Training gehören. Diese Dinge liegen in erster Linie im psychologischen Bereich.

Wie lange und wie oft?

Die Frage, wie lange und wie oft das Training auf dem Reitplatz angesagt ist, stellen sich viele Reiter. Es ist ein Irrtum zu glauben, je öfter und länger man trainierte, desto besser würde das Resultat. Pferde können ein übertriebenes Training weder körperlich noch mental verkraften. Die richtige Dosierung zu finden ist darum ein wichtiger Punkt im Pferdetraining sowie der -ausbildung.

Mit Zahlen läßt sich die Frage nach der Länge und der Häufigkeit eines Trainings nur unzureichend beantworten. Es hängt viel vom jeweiligen Pferdetyp ab und auch davon, welches Pensum ein Pferd verkraften kann. Die Konzentrationsspanne eines Pferdes liegt durchschnittlich zwischen 15 und 25 Minuten. Dies muß man beim Reiten berücksichtigen. Das heißt zwar nicht, daß man nur eine Viertelstunde oder 20 Minuten reiten sollte; man kann durchaus eine oder eineinhalb Stunden im Sattel verbringen, muß sich aber darüber im klaren sein, daß das Pferd tatsächlich lediglich ein Drittel dieser Zeitspanne kompensieren kann. Den Rest sollten Ruhepausen oder ruhige Phasen ausfüllen, in denen sich das Pferd – auch im Trab oder Galopp – entspannen und Luft holen kann.

In erster Linie richtet sich die Länge einer Trainingseinheit danach, in welcher Verfassung das Pferd ist. Arbeitet es gut mit, ist es aufmerksam, ehrgeizig und bemüht, keinen Fehler zu machen, sollte das Training früher beendet werden, um dem Pferd das Gefühl eines positiven Erlebnisses geben zu können. Vor allem wenn schwierigere Übungen oder Passagen, bei denen man Schwierigkeiten hatte, mit einer deutlichen Verbesserung absolviert wurden, sollte man seinem Pferd Ruhe gönnen und das Training für diesen Tag abschließen.

Das Training sollte kontinuierlich durchgeführt werden können. Ist es von allzu großen Pausen unterbrochen, werden sich Konzentrationsmängel und Muskelabbau einstellen, die einer Weiterentwicklung des Pferdes im Wege stehen. Sind Unterbrechungen infolge von Verletzungen, Krankheit oder anderweitigen Behinderungen notwendig geworden, muß das Pferd erst langsam wieder aufgebaut werden. Nach einer geraumen Vorbereitungszeit, die sich individuell nach der Länge der Pause und dem Ausbildungsstand des Pferdes bemißt, kann zu fortführendem Training übergegangen werden, das möglichst regelmäßig beibehalten werden sollte.

Es hat sich bewährt, die Pferde fünf- bis sechsmal in der Woche zu reiten, wobei ein oder zwei Ruhetage eingeschoben werden, in denen sich das Pferd wieder regenerieren kann. Es können auch Situationen eintreten, in denen man das Pferd einmal drei, vier, fünf oder sogar sieben Tage in Ruhe läßt. Manche Pferde brauchen jeweils einige Tage, bis sie das Gelernte verdaut haben. Als Alternativen zum Training auf dem Reitplatz bieten sich entweder ein simples Bewegungstraining am Horsewalker an oder ein ruhiger Ausritt ins Gelände. Wenn man nicht reiten will, können Reiter und Pferd auch beim Spazierengehen die Seele baumeln lassen.

Oftmals sind die Pferde nach solchen Ruhepausen wie ausgewechselt, sind wieder konzentriert und voll Eifer bei der Sache. Das liegt daran, daß die Pferde Zeit hatten, das zuvor Trainierte und Gelernte entsprechend zu absorbieren. Es ist keinesfalls richtig, bei einem Problem das Pferd permanent zu stressen und mit Gewalt zu versuchen, die richtigen Bewegungsabläufe einzupauken. Ein gutes Übungsmanöver läßt sich nicht erzwingen, es muß sich mit fortlaufendem, kontinuierlichem Training von selbst einstellen. Ist man an einem Punkt angelangt, an dem man einfach nicht weiterkommt, ist es oftmals besser, wenn man dem Pferd einige Tage Ruhe gönnt, bevor man das Training wieder aufnimmt. Derartige „Verdauungspausen" können bei manchen Pferden Wunder bewirken.

Im Gelände

Man hört des öfteren, daß Geländereiten für Turnierpferde – vor allem für Dressurpferde – nicht sinnvoll sei. Manche Reiter lehnen das Gelände sogar strikt ab, weil sie befürchten, daß ihre Pferde „draußen" nur lernen, dahinzuschlendern und dabei „auseinanderfallen". Der vernünftige Turnierreiter und Pferdebesitzer aber weiß das Gelände sehr wohl zu schätzen. Wie bereits angesprochen, hat das

Reiten im Gelände für das Pferd einen beachtlichen Erholungsfaktor. Das Pferd kann sich entspannen und regenerieren. Auch für das gesamte Training bietet das Geländereiten Vorteile:

Es animiert das Pferd zu mehr Raumgriff, was dem Hinterhandeinsatz nur förderlich ist. Zudem wird dadurch die Forderung an das Pferd, sich selbst zu tragen, unterstützt. Bodenunebenheiten, Aufstiege und Abhänge begünstigen außerdem die Balance und erhöhen die Trittsicherheit.

Durch die verschiedenen Eindrücke, die das Pferd im Gelände gewinnt, wird das Tier erwachsener; man spricht davon, daß das Pferd mehr „*broke*" wird. Es lernt, auch in fremder Umgebung auf den Reiter zu achten, und läßt sich nicht so leicht von anderen Geräuschen oder Bewegungen ablenken. Das ist für ein Turnierpferd natürlich sehr wichtig, denn es muß in der Arena voll konzentriert bei der Sache sein und darf sich von Musik, Zuschauern oder anderen Dingen in der dem Pferd fremden Umgebung nicht beeinflussen lassen. Damit ist das Gelände geradezu prädestiniert dafür, auch bestimmte Manöver abzufragen und damit zu testen, ob das Pferd aufmerksam ist und aufpaßt.

Das heißt aber nicht, daß man im Gelände das gleiche trainieren soll wie auf dem Reitplatz oder in der Halle. Eine geeignete Übung für „draußen" ist beispielsweise das Rückwärtsrichten. Genausogut läßt sich die Nachgiebigkeit des Mauls abfragen sowie der Schenkelgehorsam. Die Geschwindigkeitskontrolle stellt im Gelände sogar eine noch größere Herausforderung dar als auf dem begrenzten Reitplatz. Für das Pferd ist es auf dem Reitplatz einsehbarer und damit leichter, die vom Reiter geforderte Geschwindigkeit einzuhalten. Ist jedoch keine Begrenzung im Wege, ist es nicht so einfach, ein gehfreudiges Pferd in der Geschwindigkeit genau zu kontrollieren.

Das Gelände ist eine gute Ergänzung zum täglichen Training. Wenn man Zeit hat, sollte man entweder nach dem Training noch circa 20 Minuten bis eine halbe Stunde im Schritt ins Gelände gehen oder relativ regelmäßig mindestens einmal in der Woche im Gelände reiten. Junge Pferde können in freier Natur abspannen, ein wichtiger Faktor im Trainingsalltag. Jedes Training besteht aus Anspannungs- und Entspannungsphasen. Das Gelände stellt immer eine Entspannungsphase dar.

Bei älteren Pferden kann das Reiten außerhalb der Halle oder des Reitplatzes gut zum Bewegungstraining genutzt werden. Wenn es die Zeit erlaubt, ist ein Ausritt zur reinen Bewegung eines Pferdes dem Horsewalker (automatische Führanlage) vorzuziehen, da der persönliche Kontakt mit dem Pferd erhalten bleibt, was eine harmonische Beziehung zwischen Reiter und Pferd nur fördern kann. Schließlich ist das Reiten im Gelände ein wichtiger Faktor bei der Konditionierung der Pferde. Gerade bei älteren Pferden bietet sich diese Alternative zum Reitplatztraining an, da es bei diesen Pferden vom Ausbildungsstand nicht mehr notwendig ist, permanent bestimmte Manöver auf dem Platz zu trainieren.

Der Ritt im Gelände darf aber nicht zur Alibifunktion für einen Dauerstreß auf dem Reitplatz werden, denn dann verliert das Pferd schnell die Lust am Training. Auch auf dem Reitplatz sind deshalb Tage der Erholung und Entspannung angebracht.

Der gesunde Ehrgeiz

Beim täglichen Training ist es für den Reiter sehr wichtig, das richtige Maß zu finden, damit optimale Leistungen erzielt werden können. Ein „Zuviel" kann dabei viel Schaden anrichten, während man mit

Gute Pferde sind stets mit vollem Eifer bei der Sache.

zuwenig oder falsch verstandenem Training die Leistungen nicht erreichen kann, die das Pferd tatsächlich erbringen könnte. Um das richtige Trainingsmaß herauszufinden, muß gewährleistet sein, daß der Reiter verstehen kann, was das Pferd mit seinen Reaktionen sagen will. Es ist wichtig, auf die Belange des Pferdes eingehen zu können, um im Training weiterzukommen. Dazu gehört zum einen viel Selbstbeherrschung, die den Reiter vor Überreaktionen bewahrt, wenn ein Manöver nicht so funktioniert, wie er es sich vorgestellt hat. Ehrgeiz ist wichtig, damit das Training auch in harten Phasen weitergeführt wird. Wenn der Reiter aber mit übertriebenem Eifer arbeitet, kann das leicht schief gehen. Darum ist ein guter Mittelweg der sicherste Garant für den späteren Erfolg.

Positiv zu bewerten ist ein gesunder Ehrgeiz auch beim Pferd. Viele gute Pferde sind stets mit vollem Eifer bei der Sache und bemühen sich, alle geforderten Übungen zur Zufriedenheit ihres Reiters auszuführen. Dieser in der Regel wünschenswerte Charakterzug birgt jedoch die Gefahr in sich, daß das Pferd versucht, ein Manöver vorwegzunehmen und nicht auf die Hilfen des Reiters zu warten. Damit eine Aufgabe korrekt ausgeführt werden kann, ist es aber sehr wichtig, daß das Pferd auf die Reiterhilfen wartet. Läßt der Reiter es zu, daß das Pferd eine Übung selbständig ausführt, hat er nur noch bedingt eine Kontrolle über die Bewegungen seines Vierbeiners. Das Pferd beginnt nachlässig zu werden und führt die Aufgaben unsauber aus.

Eine andere Gefahr besteht darin, daß der unerfahrene Reiter schwierige Übungen ständig wiederholt, um sich oder den Zuschauern eine Freude zu bereiten. Auch dies ist eine todsichere Methode, gute

Pferde sauer zu machen, bevor sie überhaupt einen Turnierplatz sehen. Es gehört ein gehöriges Maß an Selbstdisziplin dazu, um aufzuhören, wenn es genug ist.

Pferde verstehen lernen

Will man Pferde trainieren und ausbilden, ist es ein besonders wichtiger Punkt, den vierbeinigen Partner in all seinen Belangen zu verstehen. Für den Trainer ist es unerläßlich, auf jedes Pferd individuell eingehen zu können. Jedes Pferd ist vom Charakter und von der Wesensart her verschieden und braucht darum eine auf den jeweiligen Typ ausgerichtete Behandlungsweise.

Jedes Pferd ist eine individuelle Persönlichkeit, und der Reiter muß sich auf die Eigenarten des Pferdes einstellen. So wird es möglich, im Training eine positive Atmosphäre für sich und sein Pferd zu schaffen. Dieser Vorsatz läßt sich aber nur verwirklichen, wenn man sich bemüht, die Pferde und damit ihre Sprache zu verstehen. Als erstes sind prinzipielle Aspekte zu berücksichtigen: Der Umstand, daß das Pferd ein Fluchttier ist, beantwortet schon viele Fragen. Das Pferd reagiert auf Dinge, vor denen es Angst hat oder die ihm unangenehm sind, primär mit Flucht. Das erklärt, warum Pferde immer versuchen, die Flucht nach vorne anzutreten, wenn sie mit Sporen, Peitsche oder Zügelreißen bestraft werden. Ist ein Weglaufen unmöglich, provoziert man Reaktionen wie Steigen, Ausschlagen oder Beißen. Je nach Temperament lassen sich einige Pferde mehr Grobheiten gefallen als andere. Darum muß man Lob und Strafe, die wichtige Trainingselemente sind, entsprechend jedem Pferd individuell, aber genau dosiert einsetzen.

Pferde haben zudem eine unmißverständliche Sprache, vorausgesetzt, der Reiter hat gelernt, sie zu verstehen. Ein einfaches Beispiel: Zurückgelegte Ohren sind ein Drohgebaren, das für ein anderes Pferd die Warnung beinhaltet, nicht näherzukommen. Ignoriert der Artgenosse diese Warnung, muß er mit einer Auseinandersetzung rechnen. Für den Reiter kann es aber auch ein Signal dafür sein, daß dem Pferd etwas unangenehm ist, so, wenn er es beispielsweise zu schnellem Galopp veranlaßt, dies dem Pferd aber große Mühe bereitet. Das Pferd kann mit zurückgelegten Ohren Unmut, Ärger oder auch Aggressivität anzeigen. Die feinen Unterschiede erkennt man daran, in welcher Situation und mit welcher Intensität das Pferd die Ohren zurücklegt. Bezeichnend ist dabei natürlich auch, welchen Typ das Pferd verkörpert.

Der unerfahrene Reiter wird häufiger verunsichert sein und nicht wissen, warum sein Pferd gerade eine bestimmte Reaktion zeigte. Hier hilft nur eine intensive Ursachenforschung, so lange, bis das Problem erkannt ist. Eine große Hilfe ist es auch, Pferde beim Fressen, Herumtoben, Spielen und im Umgang mit Artgenossen zu beobachten. Dabei können viele Zusammenhänge klar werden. Der Reiter erfährt die Rangordnung, die sein Pferd innerhalb der Herde hat, ob es temperamentvoll, faul, aggressiv oder freundlich ist, und kann sich so beim Reiten und Trainieren auf das Pferd besser einstellen.

Beginnt allerdings das Training, ist von einer Herdenhaltung eher abzuraten, da es für eine zukunftsträchtige Turnierpferdkarriere und im Hinblick auf das dafür notwendige Training unumstritten klar sein muß, daß der Ausbilder ranghöher ist. Dies muß ein für allemal feststehen und darf vom Pferd nicht täglich neu in Frage gestellt werden. Genau dies könnte aber der Fall sein, wenn ein Pferd im Herdenverband gehalten wird, weil es ständig seinen Rang behaupten muß und die Anbindung an den Trainer nicht so intensiv ist.

Für die Haltung in geräumigen Boxen und Einzelauslaufhaltung steht zudem das Argument, daß damit die Gefahr von Verletzungen durch ranghöhere Pferde vermindert wird und das Training nicht womöglich langfristig unterbrochen werden muß. Ein im Training befindliches Pferd sollte aber durchaus Kontakt zu anderen Artgenossen haben. Die Bestrebungen sollten nur dahin gehen, daß Pferde im Training sich nicht nach den Gesichtspunkten der arttypischen Rangordnung auseinandersetzen müssen. Einzelauslaufhaltung mit direktem Kontakt zum Nachbarn ist in jedem Fall wünschens- und für ein ausgeglichenes Temperament empfehlenswert.

Jahrelange Erfahrungen in der Ausbildung und im Training von Hochleistungspferden haben gezeigt, daß die Einzelhaltung – allerdings mit Kontakt zu Artgenossen – die beste Haltungsform eines leistungsfähigen Turnierpferdes ist. Die unumstrittenen Vorteile liegen darin, daß dem Pferd erspart bleibt, sich in Rangstreitigkeiten mit den Artgenossen auseinanderzusetzen und daß die dadurch bestehende Verletzungsgefahr erheblich vermindert wird.

Gute und schlechte Tage

Gute und schlechte Tage haben Pferde genauso wie Menschen. Für den Reiter ist es wichtig, solche Tage zu erkennen und das Training entsprechend darauf einzustellen. Ein guter Beobachter erkennt schon beim Öffnen der Box, ob sein Pferd einen guten oder schlechten Tag hat. Es gibt Pferde, die sich mißgelaunt vom Reiter abwenden, wenn er mit dem Halfter die Box betritt. Sie lassen den Menschen nur ungern an ihren Kopf heran, um das Halfter umzulegen.

An schlechten Tagen ist ein gutes Training nicht möglich. Darum hat es auch wenig Sinn, etwas erzwingen zu wollen. Falsch ist es jedoch genauso, das Pferd nun in seiner Box zu lassen und auf das Training zu verzichten. Läßt man an diesem Tag das Training ganz ausfallen, wird das Pferd lernen, daß es nicht geritten wird, sobald es sich mißmutig abwendet. Wenn ein Pferd keine Lust hat, werden allerdings auch keine guten Leistungen möglich sein. Darum muß man die Erwartungen an diesem Tag nahezu auf Null herunterschrauben. Am besten ist, man reitet dafür zur Entspannung ins Gelände oder läßt das Pferd nur einige Runden laufen. Oftmals gewinnt das Pferd während einer solchen lockeren Bewegungsphase wieder die Lust, und man kann doch noch ein paar leichtere Übungen abfragen.

Zu vermeiden sind auf jedem Fall Konfrontationen mit dem Pferd, denn unwillige Tiere sind keinesfalls mit Zwang zur Mitarbeit zu bewegen. Schlechte Tage können immer hin und wieder vorkommen, damit ist zu rechnen, doch sollten sich derartige Tage häufen, muß man sich Gedanken darüber machen, ob nicht eine bestimmte Ursache dafür verantwortlich ist, daß das Pferd sich so unwillig, faul und stumpfsinnig benimmt. Möglicherweise spielt eine Krankheit eine Rolle, die noch nicht erkannt wurde, und man täte dem Pferd mit Zwang und Strafen großes Unrecht.

Selbstverständlich gibt es schlechte Tage auch beim Reiter. Am besten ist dann, auf das Reiten ganz zu verzichten, denn wenn man sich gereizt und mißgelaunt aufs Pferd setzt, verliert man schnell sowohl die Geduld als auch die Selbstbeherrschung. Dies führt meist zu unfairen Reaktionen. Das Pferd wird möglicherweise zu Unrecht hart bestraft, nur weil der Reiter genervt ist und mit keiner Leistung zufriedengestellt werden kann.

Andere Menschen werden zwar nicht aggressiv, dafür sind sie aber unkonzentriert und machen übermäßig viele Fehler. Der Reiter kann so sein Pferd verwirren und verunsichern. Damit sind auch beim Pferd keine guten Leistungen möglich. Wenn man also das Gefühl hat, daß an diesem Tag einfach nichts gelingt, sollte man das Training ganz vergessen. Dann läßt man das Pferd entweder einige Runden locker laufen und entläßt es wieder in den Stall, oder man sattelt es gleich ab, hängt es an die Führanlage, schickt es auf die Weide oder läßt einen anderen Reiter mit dem Pferd ein wenig ins Gelände gehen. Wichtig ist, daß an solchen Tagen Konfrontationen mit dem Pferd vermieden werden, die das bereits Erarbeitete teilweise wieder zerstören können. Das Ziel muß immer sein, in einer positiven Atmosphäre zu reiten. Wenn sich während des Trainings Dinge einstellen, die sich negativ auf das Pferd oder den Reiter auswirken, ist es besser, das Training abzubrechen, bevor man sich und sein Pferd in eine konfuse Situation bringt.

So, wie es schlechte Tage gibt, sind einem auch gute Tage beschert. Dann läuft alles „wie am Schnürchen", jede Übung gelingt, und das Pferd arbeitet fleißig und ehrgeizig mit. An derartigen Tagen kann man viel erreichen, vorausgesetzt, man übertreibt das Training nicht vor lauter Euphorie. Auch an guten Tagen sind dem Pferd in seiner Leistungsfähigkeit Grenzen gesetzt. Will man zuviel, kann der Schuß nach hinten losgehen. Die Gefahr besteht, daß der Reiter sein Pferd überfordert. Man darf einen guten Tag nicht herausfordern, sondern sollte ihn dankbar annehmen und einfach damit zufrieden sein, daß alles leichter gelingt.

Einhändig oder beidhändig?

Viele Reiter sind unsicher, ob sie im Training einhändig oder beidhändig reiten sollen. Das ist natürlich in erster Linie vom Trainingszustand des Pferdes abhängig. Ein junges Pferd wird beidhändig geritten,

Die beidhändige Zügelführung für ein junges Pferd

Beidhändige Zügelführung, die das Umgreifen zur einhändigen Zügelführung wesentlich beschleunigt und erleichtert.

da es mit der einhändigen Zügelführung noch nichts anfangen kann. In der Phase, in der das Pferd die einhändige Zügelführung lernt, wird letztendlich das Reiten mit einer Hand abgefragt werden müssen, um zu sehen, ob die Signale beim Pferd durchkommen, richtig aufgefaßt und umgesetzt werden.

Während der Umstellungsphase zum einhändigen Reiten tritt langsam verstärkt der äußere Zügel in Aktion, wobei der direkte Zügel mehr und mehr vernachlässigt wird. Das Pferd erhält dabei die Gelegenheit, bereits auf den indirekten Zügel zu reagieren, bevor der innere Zügel unterstützend eingreift. In dieser Phase reitet der Trainer schon mit einer Hand, die zweite Hand wird aber stets bereitgehalten, um rechtzeitig einzugreifen. Sobald das Pferd die einhändige Zügelführung begriffen hat, wird es weiterhin beidhändig trainiert, da es mit beiden Händen besser möglich ist, exakt zu reiten. Die einhändige Zügelführung wird nur noch stichprobenartig abgefragt, damit man auf dem Turnier dann keine böse Überraschung erlebt.

In früheren Zeiten wurde das Reiningpferd primär mit den Zügeln gelenkt. In der heutigen Reiningreiterei haben die Schenkelhilfen an Bedeutung gewonnen, da immer mehr Elemente aus der Dressurreiterei absorbiert wurden. Das fertig ausgebildete Reiningpferd soll an leichtesten Hilfen stehen und die Manöver auf kaum sichtbare Hilfen des Reiters ausführen. Die Tatsache, daß ein fertig ausgebildetes Pferd einhändig korrekt gestellt einen Zirkel galoppiert, basiert nicht auf der Einwirkung der Zügel, sondern überwiegend auf der Sitzposition beziehungsweise den Gewichts- und Schenkelhilfen.

Damit wird klar, daß sich das einhändige Reiten mit fortschreitender Sensibilisierung und Verfeinerung der zusammenwirkenden Hilfen nahezu von selbst einstellt. Dennoch werden fertig ausgebildete Pferde und Turnierveteranen im Training

Mit dieser Haltung kann man innerhalb von Sekunden auf die einhändige Zügelführung umgreifen.

mit beiden Händen geritten, um die Hilfen stets korrekt und exakt geben zu können.

Es gibt bei der Zügelführung nicht nur schwarz oder weiß, das heißt, daß nicht immer beide Hände ständig an den Zügeln sind oder grundsätzlich nur eine Hand. Dies wechselt während des Trainings laufend, je nach Manöver.

Beim *Turn around* beispielsweise kann es notwendig werden, mit der direkten Zügelhand parat zu sein, um die Innenstellung gegebenenfalls korrigieren zu können. Beim Galoppieren auf dem Zirkel dagegen kommt man mit der einhändigen Zügelführung gut zurecht. Besonders mit dem Verkleinern und Vergrößern des Galoppzirkels läßt sich dabei austesten, wie gut das Pferd dem äußeren Zügel weicht; auch hier greift der innere Zügel nur korrekturhalber ein, um die richtige Innenstellung zu gewährleisten.

Ausrüstung

Der Sattel

Der Sattel ist ein Ausrüstungsgegenstand, auf dessen Qualität man besonderen Wert legen sollte. Ein qualitativ minderwertiger Sattel kann den Reiter daran hindern, eine Position einzunehmen, die korrekte Schenkel- und Gewichtshilfen ermöglicht. Eine Steigbügelaufhängung, die am Sattel zu weit vorne angebracht ist, veranlaßt den Reiter beispielsweise, seine Beine zu weit vom Pferdekörper nach vorne wegzustrecken. Dabei schiebt er zwangsläufig sein Gesäß auf das *Cantle* nach hinten und oben, so daß der Reiter keinen sicheren Sitz hat, der ihm eine korrekte Einwirkung ermöglicht.

Schlecht verarbeitete Sättel halten in der Regel dem Training nicht stand und gehen nach einiger Zeit „aus dem Leim". Zudem kann es passieren, daß bei Billigsätteln Schrauben oder Nägel, mit denen der Sattelaufbau am Baum maschinell fixiert wurde, locker werden. Sie können dann sogar durch die Fell-Unterlage ragen und dem Pferd im ungünstigsten Fall in den Rücken stechen. Auch wenn ein dickes Pad verwendet wird, kann das Pferd den unangenehmen Druck eines vorstehenden Nagels spüren.

Ein billiger Sattel mit schlechter Lederqualität wirkt starr und fühlt sich für den Reiter oftmals nicht bequem an. Ein Sattel sollte aber stets bequem sein, denn der Trainer muß sich im Sattel wohl fühlen, damit er beim Reiten ein positives Gefühl hat, was im Training sehr wichtig ist. Genauso muß ein Sattel aber auch dem Pferd passen, denn auch dieses muß sich unter dem Sattel wohl fühlen. In erster Linie ist darum auf eine korrekte Paßform zu achten. Der Sattel darf nirgends drücken oder scheuern, sondern muß gleichmäßig aufliegen und die Wirbelsäule und den Widerrist frei halten.

Von Kay Wienrich entworfener Reiningsattel, der dem Reiter im Sitz genügend Bewegungsfreiheit läßt und sich durch sein etwas höheres Horn auch als Cuttingsattel hervorragend eignet.

Gute Sättel sind mit verschiedenen Bäumen erhältlich, so daß für jedes Pferd in der Regel der richtige gefunden werden kann. Probleme hat es vor einigen Jahren noch mit schmalen Pferden wie Arabern gegeben, da die Sättel – in Amerika produziert – nur auf Quarter Horses mit relativ breitem Rücken ausgerichtet waren. Mittlerweile hat sich die Sattelindustrie aber auch darauf eingestellt, so daß der Araberbesitzer genauso wie der Reiter eines deutschen Warmblutpferdes einen passenden Sattel finden kann. Der Quarter Horse-Besitzer kann aus einem reichhaltigen Sortiment wählen.

Wenn der Sattel dem Pferd gut paßt, kann der Reiter daran gehen, die passende

Sitzform für sich selber zu finden. Zuvor wählt man die ideale Sitzgröße, für erwachsene Reiter 15 oder 16 inch (in gerader Linie von der *Fork* bis zum *Cantle* gemessen). Weiter ist bei der Sitzform darauf zu achten, daß diese flach ist und zur *Fork* hin leicht ansteigt. Der Sattel sollte den Reiter dicht ans Pferd setzen. Dies ist vor allem bei Reitern mit kürzeren Beinen wichtig. Es sollten auch nicht unbedingt schwere *Roping bars* im Baum verarbeitet sein, damit der Reiter mit seinen Schenkeln leicht Kontakt zum Pferd aufnehmen kann. Ein langbeiniger Reiter hat hier zwar nicht so leicht Probleme, trotzdem ist eine Sitzfläche wichtig, die den Reiter „im" Sattel sitzen läßt und nicht „auf" dem Sattel. Dies ist einer der wichtigsten Punkte überhaupt, denn das vermittelt dem Reiter auch das Gefühl, „im Pferd" und nicht „auf dem Pferd" zu sitzen.

Es ist eine Frage des persönlichen Geschmacks, ob das *Cantle* nun 3 1/2 oder 4 inch hoch ist, und ob die *Fork* etwas höher, niedriger, dicker oder dünner gearbeitet ist. Wichtig ist, daß man im Sattel bequem Platz hat und daß der Sattel dem Reiter ein gewisses Sicherheitsgefühl vermittelt. Die Steigbügel sollen zudem einen ungehinderten „Vorwärtsswing" haben; der Reiter muß in der Lage sein, mit dem Bein an die Pferdeschulter zu kommen, ohne daß er den Fuß aus dem Steigbügel nehmen muß.

Ein Westernsattel von guter Qualität ist immer aus hochwertigem Ledermaterial gefertigt. Da er außerdem relativ groß ist, ist ein verhältnismäßig hohes Gewicht nur logisch. Für das Pferd ist dies jedoch keineswegs problematisch, da ein gut passender Sattel das Gewicht hervorragend über eine große Auflagefläche auf dem Pferderücken verteilt.

Westernsättel, die speziell für Reiningpferde hergestellt werden, sind aufgrund ihrer Beschaffenheit etwas leichter und ermöglichen dem Reiter einen engen Kontakt zum Pferd. Man könnte diese Sättel als „Dressursättel im Westernstil" bezeichnen.

Die Gebisse

Das Gebiß ist eines der wichtigsten Kommunikationsmittel zwischen Reiter und Pferd. Generell ist das *Snaffle bit* das

Trainingsequipment für Reiningpferde: ein einfaches Snaffle bit (D-Ring) mit Noseband

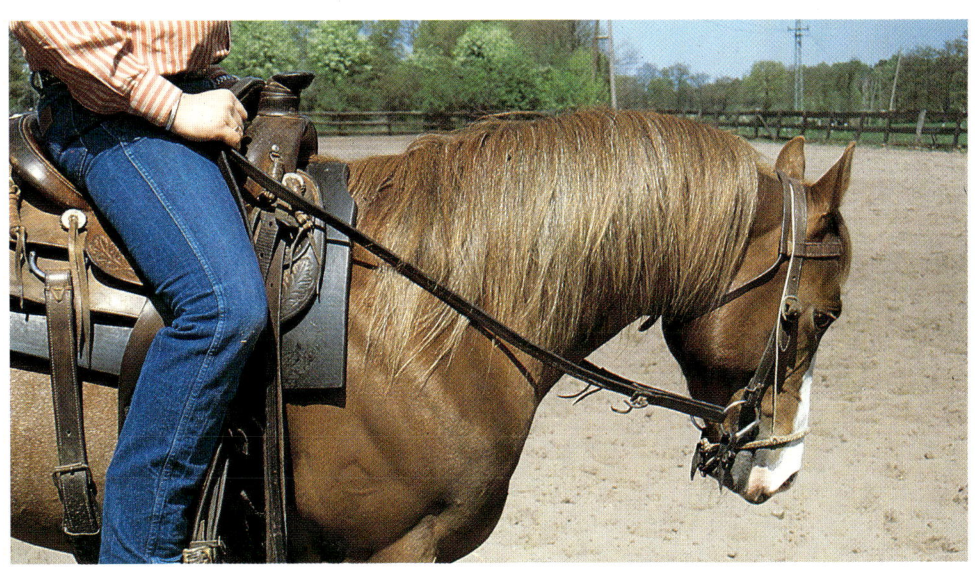

Ein Standard ring snaffle bit, welches fürs Training benutzt werden kann, aber auch in der Show-Arena Verwendung findet.

vielseitigste Trainingsgebiß, wobei der unbestrittene Vorteil bei der normalen Trense darin liegt, daß der Zug, der über den Zügel auf das Maul des Pferdes ausgeübt wird, direkt am Pferdemaul ankommt. Und dies geschieht in genau der gleichen Stärke, die von der Reiterhand ausgegangen ist. Wenn der Trainer mit 500 Gramm am Zügel zieht, wirken exakt wieder 500 Gramm im Maul des Pferdes.

Die Trense gibt es in den unterschiedlichsten Ausführungen und Mundstücken, so daß der Reiter jederzeit das Gebiß auf die Belange seines Pferdes hin auswählen kann. Grundsätzlich entscheidet man sich für die Zäumung, die dem Pferd am angenehmsten erscheint. Möglicherweise fühlt sich das Pferd mit einem Kupfermundstück wohl, das etwas süßlich schmeckt. Es mag vielleicht ein dünnes oder dickes Gebiß, eines aus Stahl oder rostendem Eisen. Hier sollte sich der Pferdebesitzer die Mühe machen und einige Gebisse ausprobieren. Es ist kein Armutszeugnis, wenn man mit verschiedenen Gebissen experimentiert. Es zeigt vielmehr, daß der Reiter bemüht ist, das beste Gebiß für sein Pferd zu finden. Allerdings ist es unprofessionell, ständig die Gebisse zu wechseln, weil man glaubt, daß das eine oder andere Manöver mit einem anderen Mundstück besser funktionieren wird. Meist ist das Pferd für eine derartige Übung lediglich noch nicht weit genug ausgebildet, aber eine fehlende Ausbildung läßt sich nicht mit einem anderen Gebiß ausgleichen. Es gilt einfach nur, das Gebiß zu finden, das das Pferd am liebsten im Maul trägt. Der Reiter erkennt das richtige Gebiß daran, daß es vom Pferd gerne angenommen wird und es darauf leicht und willig reagiert.

Das Standardgebiß ist ein *D-Ring* oder *O-Ring Snaffle bit*, dessen Mundstück zur Mitte hin schmaler ausläuft. Entscheidend bei der Wahl eines *Snaffle bit* ist, daß das Pferd damit im Maul immer weicher und sensibler wird. Manche Pferde werden etwas stumpfer, wenn sie lernen, den Druck zu akzeptieren. Ein sogenanntes *Wire snaffle* oder *Twisted wire snaffle*, welches man mit Drahttrense übersetzen könnte, kann hier Abhilfe schaffen. Dieses

Ein Twisted wire snaffle, das zur Sensibilisierung des Pferdemauls eingesetzt wird.

Gebiß ist aus gedrehtem Eisendraht und wirkt schärfer, so daß die Pferde das Gebiß schneller respektieren. Es gibt dem Reiter die Möglichkeit, das Pferd etwas aufzufrischen, da er mit weniger Aufwand mehr Effekt erzielt. Solche Korrekturgebisse werden aber nur über eine bestimmte Zeit eingesetzt und nie ständig verwendet. Es sollte mit dem Einsatz eines *Wire snaffle* sichergestellt werden, daß eine erwünschte Sensibilisierung erreicht wird und nicht eine zusätzliche Abstumpfung. Es nützt nichts, wenn ein Pferd mit immer dünneren Mundstücken geritten wird, weil man davon ausgehen kann, daß das Pferd am Turniertag auf das normale Trensenmundstück nicht so sensibel reagiert, wie es nötig wäre, um eine gute Vorstellung zu liefern.

Die Effektivität des *Snaffle bit* kann zudem unter Verwendung von verschiedenen Zügeln erhöht werden. Hält der Reiter breite und schwere Zügel in der Hand, bewirkt dies ein höheres Gewicht auf das Gebiß. Manche Pferde mögen das, weil das Mundstück dabei besser im Maul liegt und sie schneller und eindeutiger spüren, wenn der Reiter die Zügel aufnimmt. Die Wirkung eines Gebisses läßt sich auch insofern beeinflussen, daß man das Mundstück tiefer oder höher im Maul verschnallt.

Liegt das Gebiß lockerer im Maul, sieht sich das Pferd veranlaßt, das Gebiß hochzunehmen, was es unter Umständen zum Abkauen animieren kann. Bei Pferden, die im Maul etwas „unruhig" sind, empfiehlt es sich, die Trense so einzuschnallen, daß sich an den Maulwinkeln eine kleine Falte bildet. Da das Gebiß auf diese Weise ruhiger im Maul liegt, wird das Pferd nicht ständig versuchen, das Gebiß hochzunehmen.

Direkt an den Maulwinkeln ist der Standardplatz für jedes Gebiß. Für das Pferd ist es am komfortabelsten, ein Gebiß so zu tragen, daß es gut an den Maulwinkeln anliegt, aber gerade noch so, daß sich noch keine Falte bildet. *Snaffle bits* werden zudem immer mit einem Kinnriemen ausgestattet, der verhindert, daß das Gebiß durchs Maul gezogen wird. Außerdem liegt damit das Gebiß etwas ruhiger im Maul.

Um die Sensibilität des Pferdemauls zu verbessern, kann man kurzzeitig eine schärfer wirkende Trense einsetzen. Die besten Erfahrungen wurden mit dem *Wire snaffle* gemacht, das mit einem dünnen, gedrehten Mundstück ausgestattet ist und dem Pferd den Respekt vor der Reiterhand zurückgibt.

Das *Snaffle bit* ist in der Regel das Gebiß, mit dem das junge Pferd die Basisarbeit durchläuft. Hat das Tier die Grundausbildung absolviert und ist quasi fertig trainiert, bietet sich der Übergang zu einem *Shank snaffle* an, einem gebrochenen Gebiß, das der Trense ähnelt, jedoch mit Hebelarmanzügen versehen ist. Auch hier hat die Reitartikelindustrie eine Menge verschiedener Materialien und Formen im Angebot. Für den Reiter ist es wichtig zu wissen, daß das *Snaffle with shanks* ein Gebiß ist, das die Kraft von der Reiterhand ausgehend über eine Hebelwirkung auf das Pferdemaul überträgt. Damit wird die Kraft verstärkt auf das Maul übertragen. Hinzu kommt, daß beim *Shank snaffle* die Wirkungsweise im Vergleich zur normalen Trense differiert. Beim Hebelarmgebiß findet vornehmlich ein Druck auf das Kinn statt, und zwar je nachdem, wie streng die Kinnkette oder der Kinnriemen verschnallt ist. Einen Druck bekommt das Pferd zudem auch im Genick zu spüren. Das *Shank snaffle* gehört aufgrund seiner Wirkungsweise in die Kategorie der Stangenzäumungen.

Ein Correction bit, das mild genug für junge Pferde ist, das aber auch genügend Autorität besitzt, um ein eher müdes Pferd zu sensibilisieren.

Später wechselt man dann beim fortgeschrittenen, turnierreifen Pferd je nach Bedarf auf eine „echte" Stangenzäumung. Hier haben sich *Grazer bits* und verschiedene Gebisse mit einer mehr oder weniger hohen Zungenfreiheit *(port)* bewährt. Ein Pferd kann langfristig unter Umständen mit einem *Ported*-Mundstück im Maul leichter und sensibler bleiben als mit einem *Snaffle*-Mundstück. Das hängt aber wieder davon ab, wie weich das Pferdemaul und wie empfindlich das Pferd überhaupt ist. Hier generelle Empfehlungen zu geben ist schwierig, weil es darauf ankommt, welches Gebiß für das individuelle Pferd am angenehmsten ist. Der Trainer muß das im Laufe der Zeit herausfinden und ein wenig herumexperimentieren, welches das beste für sein Pferd ist.

Die Hackamore

Für eine grundsolide Ausbildung ist die *Hackamore* (damit ist immer die *Bosal-Hackamore* gemeint, nicht aber die gleichnamige mechanische *Hackamore*) ein signifikantes Merkmal eines Westernpferdes nicht nur in den USA, sondern auch im europäischen Raum gewesen. Ihre Bedeutung als Ausbildungszäumung hat sich in den letzten Jahren jedoch abgeschwächt. Trotzdem kann man der *Hackamore* eine gewisse Renaissance insbesondere bei Pleasure-, aber auch Reiningpferden nicht absprechen. Es muß allerdings klar sein, daß Pferde, die in der *Hackamore* geshowt werden, nicht mit der *Hackamore* trainiert werden, wie es früher der Fall gewesen ist. Das Pferdematerial, das heute für die einzelnen Westernreitdisziplinen im Turniersport zur Verfügung steht, und die immer feiner werdenden Trainingsmethoden, die immer mehr Elemente der Dressurreiterei in sich aufnehmen, machen den Einsatz der *Hackamore* über einen längeren Zeitraum als Trainingsinstrument überflüssig. Trotzdem kann die *Hackamore* innerhalb des alltäglichen Trainings eines Turnierpferdes ihren Platz haben.

So kann man das Pferd mit der *Hackamore* bekannt machen, um aus dem routinierten Trainingsalltag herauszukommen und um festzustellen, wie gut sich das Pferd als zukünftiges *Hackamore*pferd eignet. Zudem kommt es jedem Pferd entgegen, wenn es zwischendurch ohne Gebiß geritten wird, obwohl man auch innerhalb des *Hackamore*trainings des öfteren wieder auf das *Snaffle bit* zurückgehen kann. Die *Hackamore* sollte man aber nur so lange benutzen, wie es möglich ist, mit sehr leichter Einwirkung entsprechende Resultate zu erzielen. Sobald man das Gefühl hat, grob werden zu müssen, um seinen Wünschen Nachdruck zu verleihen, ist der Zeitpunkt gekommen, auf das *Snaffle bit* zurückzugreifen.

In der Regel verwendet man einen 5/8 Zoll starken *Bosal* zusammen mit einem halbzölligen oder ebenfalls 5/8 Zoll dicken *Hairrope*, der sogenannten *Mecate*. Es ist in erster Linie Geschmackssache, ob man eine aus *Rawhide* oder *Latigo* geflochtene *Hackamore* wählt. Wichtig ist, daß die Seele aus *Rawhide* besteht, damit sie entsprechend den Konturen des Pferdekopfes geformt werden kann.

Wer sein junges Turnierpferd in der *Hackamore* vorstellen will, kann dies tun, solange das Pferd sensibel genug auf die gebißlose Zäumung reagiert. Dies ist fast immer der Fall, wenn das Pferd im Training überwiegend auf Trense geritten wird. Die *Hackamore* kann auch vorübergehend im Training zum Einsatz kommen, um das Pferdemaul zu schonen.

Die Hilfszügel

Hilfszügel hat – wie man so schön sagt – bei manchen Reitern „der Teufel gesehen". Kein Ausrüstungsgegenstand wird mehr mißverstanden und häufiger falsch angewendet als der Hilfszügel. Um es vorwegzunehmen: Hilfszügel haben den Sinn, dem Pferd zu helfen, die Anforderungen, die der Reiter an das Tier stellt, besser zu verstehen. Man kann dies natürlich auch so verstehen, daß dem Reiter geholfen wird, seinen Willen dem Pferd leichter verständlich zu machen. Nicht gedacht sind sie jedenfalls für Leute, die sich „ohne" bei ihrem Pferd überhaupt nicht durchsetzen können. Es gibt Leute, die behaupten, Hilfszügel seien nur etwas für Hilfsschüler. Das kommt daher, daß viele Reiter versuchen, ihr reiterliches Unvermögen durch die Anwendung von Hilfszügeln auszugleichen. In der Hand von solchen Reitern sind Hilfszügel allerdings fehl am Platz.

Hilfszügel sind im Training für einen gewissen Zeitraum eine gute Hilfe, wenn man versteht, sie richtig einzusetzen. Für den Dauergebrauch sind sie nicht bestimmt, weil der Hilfszügel schließlich nur eine Hilfe darstellen soll, die Signale des Reiters besser und schneller zu verstehen. Gute Dienste leistet das Martingal, wobei zwischen dem *German martingale* (Köhlerzügel) und dem *Running martingale* (Ringmartingal) zu unterscheiden ist. Beide Formen von Martingal, insbesondere aber das *German martingale*, sind dafür geeignet, dem Pferd beizubringen, mit senkrechter Nase in einer komfortablen, flachen Kopfhaltung zu gehen, ohne daß von seiten des Reiters aus ständig am Zügel manipuliert werden muß. Der Vorteil liegt darin, daß das Pferd in dem Augenblick, in dem es mit der gewünschten Kopf-Hals-Haltung geht, keinerlei Wirkung über den Hilfszügel mehr ver-

Ein sogenanntes German martingale, das erst dann zur Wirkung kommt, wenn das Pferd den Kopf aus der gewünschten Position nimmt.

Ein klassisches Ringmartingal, das zum Training benutzt wird, nachdem das Pferd gelernt hat, seinen Kopf durch den Einsatz des German martingale zu positionieren.

spürt; es kann dann lediglich über den direkten Trensenzügel geritten werden.

Nur wenn sich das Pferd aus dieser Position herausbegibt, kommt der Hilfszügel zum Einsatz, und das Pferd zieht beim *German martingale* praktisch gegen sich selbst, wenn es versucht, gegen die Reiterhand zu gehen. Das *Running martingale* hat im Prinzip den gleichen Effekt auf eine gute Kopfhaltung des Pferdes. Allerdings ist es hier so, daß das Pferd mehr gegen den Reiter ziehen kann als gegen sich selbst. Das Martingal tritt immer erst dann in Aktion, wenn das Pferd den Kopf zu hoch nimmt. Es kann sich durch das Martingal damit nicht dem Zügel entziehen, wodurch es dazu gebracht wird, den Kopf wieder tief zu nehmen. Entgegen der weit verbreiteten Meinung kann das Martingal eine hohe Kopfhaltung nicht verhindern. Es dient vielmehr dazu, auch bei einer zu hohen Kopfhaltung eine effektive Zügeleinwirkung auf das Pferdemaul zu gewährleisten. Durch diese Erfahrung lernen die Pferde, daß es nicht sinnvoll ist, sich durch das Kopfhochreißen der Gebißeinwirkung zu entziehen. Das Ergebnis ist, daß das Pferd eine schönere, sprich flachere Kopf-Hals-Haltung in den Manövern annimmt.

Ein Ausrüstungsgegenstand, der für *Barrel race*- und *Pole bending*-Reiter unentbehrlich ist, ist das *Tie down*. Dieser Hilfszügel verhindert im Gegensatz zum Martingal nun tatsächlich, daß das Pferd die Nase zu hoch nehmen kann. Das *Tie*

Ein vereinfachtes Martingal, das leichter ist und dessen Ringe etwas tiefer eingestellt sind.

down ist gerade im Hinblick auf die Kandarenumstellung und damit auf die einhändige Zügelführung auch eine Hilfe für den Reining-Reiter, weil es den Pferdekopf tiefer hält. Das Pferd lernt damit, den Kopf unten zu halten und das *Tie down* zu respektieren. Ein großer Vorteil dabei ist, daß der Reiter gerade mit einem schärferen Gebiß wie der Kandare das Pferdemaul nicht anfassen muß. Das *Tie down* erleichtert dem Reiter somit, das Pferd im Maul mehr loszulassen. In der Folge bleibt das Pferd im Maul sensibler.

Ein *Tie down* kann aber nur hilfreich sein, wenn das Pferd durch solides Training gelernt hat, wie seine Kopf-Hals-Haltung zu sein hat. Zu berücksichtigen ist dabei, daß das Pferd die körperlichen Voraussetzungen dazu mitbringen muß, seinen Hals und Kopf in der gewünschten Position auch halten zu können. Ein *Tie down* bei einem Pferd anzuwenden, das von Natur aus oder durch falsches Training versucht, sich durch Hochnehmen des Kopfes der Zügeleinwirkung zu entziehen, wird nichts anderes darstellen als eine Krücke und nur dazu dienen, den Unterhals des Pferdes noch mehr zu entwickeln. Dies hat zur Folge, daß sich das Problem multipliziert, sobald das *Tie down* wieder abgenommen wird. Insofern ist die Verwendung eines *Tie down* eine recht delikate Angelegenheit, und man sollte sich gut überlegen, ob es einem tatsächlich einen Vorteil oder eher doch vielleicht einen Nachteil bringt.

Das bedeutet, daß man wissen muß, wie man mit dem *Tie down* umzugehen hat. Es ist falsch, ein besonders dickes, weiches *Tie down* einzusetzen, weil man glaubt, dem Pferd damit einen Gefallen zu

Ein sogenanntes Chain tie down. Die primäre Wirkung liegt dabei auf den Nerven hinter den Ohren.

tun, denn ein Pferd wird über kurz oder lang lernen, sich dagegenzulehnen. Wenn man sich dazu entschließt, ein *Tie down* einzusetzen, sollte man ein dünnes, relativ scharfes nehmen, weil das Pferd lernt, das *Tie down* zu respektieren, und es sich dann nicht dagegenlehnt. Es wird im Gegenteil versuchen, vom *Tie down* „wegzubleiben", und dadurch mit der Kopf-Hals-Haltung im vorgesehenen Rahmen bleiben.

Das *Tie down* hat seinen Platz eigentlich erst bei einem fast fertig ausgebildeten Pferd. Wenn dieses Hilfsmittel zu früh eingesetzt wird, kann es durchaus vorkommen, daß ein Pferd darauf panisch reagiert. So kann ein mühsam aufgebautes Training schnell kaputt gemacht werden, weil das Pferd das Vertrauen verliert.

Die Sporen

Ein weiteres Hilfsmittel beim Training und bei der Ausbildung eines Pferdes sind die Sporen. Schon seit Jahrtausenden sind sie in den verschiedensten Reitweisen in Gebrauch. Wie alle Hilfsmittel in der Reiterei können auch die Sporen gebraucht oder mißbraucht werden. Die Tatsache, daß die Möglichkeit des Mißbrauchs besteht, soll aber nicht darüber hinwegtäuschen, daß Sporen ein wertvolles Hilfsmittel für den fortgeschrittenen Reiter und professionellen Pferdetrainer sind. Dabei ist es völlig belanglos, ob sie beim Reining- oder beim Dressurpferd eingesetzt werden.

Sporen dienen dazu, der Schenkelhilfe des Reiters zur gegebenen Zeit den nötigen Nachdruck zu verleihen und dem Pferd den erforderlichen Respekt vor dem Schenkeldruck beizubringen. Darüber hinaus ermöglichen sie dem Reiter, präziser und differenzierter auf das Pferd einzuwirken. Bei manchen besonders sensiblen Pferden mögen Sporen auch überflüssig sein, und gerade der Hobbyreiter mag jederzeit ohne dieses Hilfsmittel auskommen. Der ambitionierte Turnierreiter aber kann es sich kaum leisten, in seinem Training Kompromisse einzugehen, will er auf dem Turnier erfolgreich abschneiden. Sporen gehören stets an die Füße eines erfahrenen Reiters, der weiß, wann er diese einsetzen muß. Niemals aber können Sporen reiterliches Unvermögen ausgleichen.

Das Pferd soll Respekt vor dem Reiterschenkel haben. Bei unsachgemäßem Sporengebrauch jedoch kann das Pferd Angst bekommen – der beste Weg, ein Pferd schenkelflüchtig zu machen.

In der Regel reichen stumpfe Sporen mit einem vielzackigen Sporenrad, das für eine entsprechend große Auflagefläche sorgt, für das Training aus. Es nützt jedoch nichts, wenn man ein schenkelunsensibles Pferd mit stumpfen Sporen ständig bearbeiten muß. Die Schärfe der Sporen muß sich darum nach dem Temperament des jeweiligen Pferdes richten. Einem relativ unsensiblen Pferd ist meistens damit geholfen, wenn es für einen gewissen Zeitraum mit schärferen Sporen geritten wird, die dafür Sorge tragen, daß das Pferd den notwendigen Respekt vor der Schenkelhilfe entwickelt. Dies ist in etwa gleichzusetzen mit dem kurzzeitigen Gebrauch eines *Twisted wire snaffle*, welches das Pferd veranlassen soll, auch auf ein normales *Snaffle bit* sensibel zu reagieren.

Die Beinschoner

Es ist wichtig, ein Pferd für das Reiningtraining mit Beinschonern auszustatten. Bei den Manövern, die in der Westerndressur vorkommen, könnte sich das Pferd sonst leicht verletzen. Vor allem bei Drehungen wie beim *Spin* oder *Roll back* kann sich das Pferd in die eigenen Vorderbeine treten. Beinschoner schützen und stützen dabei den gesamten Beugeapparat der vorderen Extremitäten.

Für die Karpalgelenke gibt es die sogenannten *Knee boots*. Sie sind dann zu empfehlen, wenn das Pferd dazu tendiert, sich – vor allem beim *Turn around* – dort anzu-

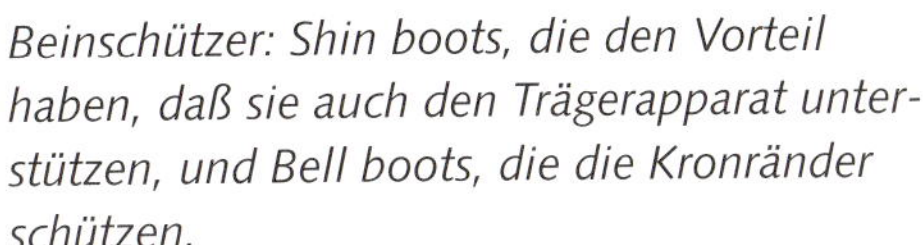
Beinschützer: Shin boots, die den Vorteil haben, daß sie auch den Trägerapparat unterstützen, und Bell boots, die die Kronränder schützen.

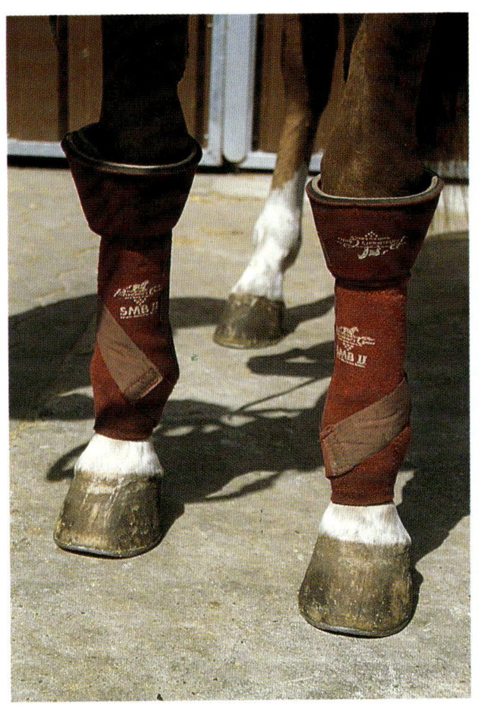

Eine andere Verwendungsmöglichkeit der Bell boots, um die Karpalgelenke bei den Turn arounds zu schützen: eine willkommene Alternative zu Knee boots.

schlagen, wenn es sehr weit ausgreift. Manche Pferde schlagen sich auch an den Karpalgelenken an, wenn sie zuwenig Vorwärtsbewegung in den Drehungen haben. Nach dem Training von Drehungen sollte man darauf achten, ob das Pferd irgendwelche Anzeichen von Schwellungen an den Karpalgelenken hat, die darauf schließen lassen, daß es sich gestoßen hat. Sollte das der Fall sein, ist es empfehlenswert, *Knee boots* zu benutzen.

Wenn man keine *Knee boots* zur Verfügung hat, kann man auch Springglocken verwenden, die umgedreht am Karpalgelenk angebracht werden. Sie erfüllen auf diese Weise den gleichen Zweck.

Für die Röhrbeine, Fesselköpfe und Fesselträger empfehlen sich sogenannte *Shin boots*. Diese umschließen das gesamte Röhrbein sowie den Fesselträger und stützen mit einem Unterstützungsband den gesamten Beugeapparat. Dies ist der wohl wichtigste und unerläßlichste Schutz für Reiningpferde, insbesondere wenn man im Training an Drehungen arbeitet. Verletzungen an den Beinen können lange Trainingspausen notwendig machen, die einem kontinuierlichen und zielgerichteten Turniertraining Abbruch tun.

Zum Schutz der Kronränder werden *Bell boots* oder Springglocken eingesetzt. Wenn sich ein Pferd bei Drehungen des öfteren auf die Kronränder getreten hat, kann es durchaus sein, daß es sich in Zukunft weigert, in eine bestimmte Rich-

Ein einfacher Skidboot, der die Fesselköpfe bei Sliding stops schützen soll.

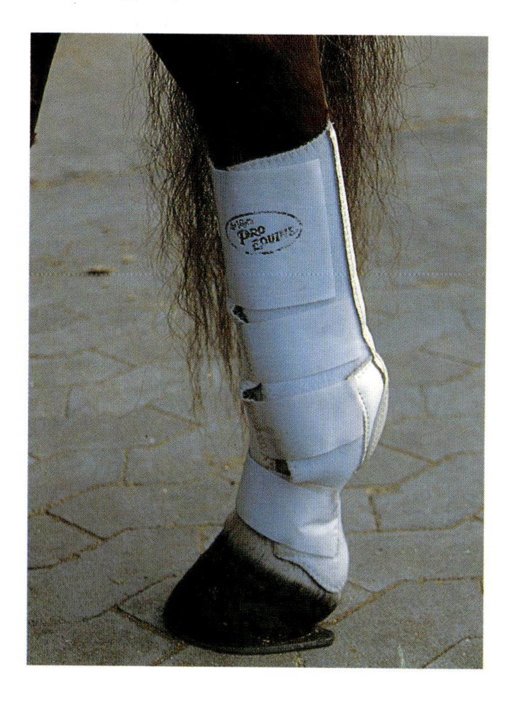

Ein Combination boot für Hintergliedmaßen, der Röhrbeine, Fesselköpfe als auch die Fesselbeuge und die Ballen bei Sliding stops schützt.

tung zu drehen. Dies kann sogar dazu führen, daß Pferde sich den Drehungen zu entziehen versuchen, indem sie zu steigen beginnen. Hat man erst einmal ein solches Problem heraufbeschworen, nützen einem auch Springglocken nichts mehr. Man sollte darum rechtzeitig auf Kronrandverletzungen achten.

Es ist gut, wenn man sich angewöhnt, das Pferd nach jedem Training nach eventuellen Verletzungen abzusuchen. Dazu gehört das Begutachten der Kronränder und der Fesselbeugen genauso wie das der Ballen und der Vordergliedmaßen, die durch Streifen oder Greifen in Mitleidenschaft gezogen worden sein könnten. An den Hintergliedmaßen sind vor allem die Fesselköpfe beim Trainieren von *Sliding stops* anfällig für Verletzungen, wenn sie nicht entsprechend geschützt werden.

Hierfür benutzt man *Skid boots*, die man dem Pferd aber erst anzieht, wenn man zum Stoptraining übergeht, da es leicht möglich ist, daß sich das Pferd wundscheuert, wenn es die *Skid boots* über eine ganze Trainingseinheit tragen muß.

Auf den Gebrauch von *Skid boots* kann man eventuell dann verzichten, wenn man einen guten, weichen Boden zur Verfügung hat. Stellt man aber bei der Routinekontrolle nach dem Reiten fest, daß die Fesselhaare der Hinterhand beim Stoptraining leicht abgescheuert worden sind, sollte man dies im Auge behalten. Sobald man ernsthaft mit dem Training des *Sliding stop* beginnt und dabei größere Distanzen rutscht, wird man sicherlich auf *Skid boots* zurückgreifen müssen, um Verletzungen zu vermeiden.

Da die Beine des Pferdes im Reiningtraining sicherlich der größten Beanspruchung ausgesetzt sind, sollte man bei der Wahl von Beinschonern qualitativ besonders hochwertige wählen, auch wenn diese sehr teuer sind. Die gesunden Beine des geliebten Vierbeiners sollten es einem in jedem Fall wert sein.

Basistraining

Die Auswahl des Pferdes nach körperlichen und mentalen Voraussetzungen ist neben der eigenen „gesunden" Einstellung und der passenden Ausrüstung sowie dem Wissen, dies alles korrekt und wirksam einzusetzen, der erste Schritt auf dem Weg zum erfolgreichen Reiten. Nach den theoretischen Vorbereitungen können in der Praxis allerdings immer wieder neue Probleme auftauchen, die einen zwingen, zu den Grundlagen zurückzugehen. So kann es vorkommen, daß beispielsweise ein nach den Regeln der oben beschriebenen Grundlagen für geeignet befundenes Pferd nach dem Einsatz im Basistraining doch aussortiert werden muß, etwa weil Fehler oder Mängel nach erstem Austesten nicht erkannt worden sind oder das Pferd den Anforderungen an ein gutes Reiningpferd aus anderen Gründen nicht gewachsen ist. Bevor nun ein solches Pferd mit Gewalt weiter im Reiningtraining gehalten wird, ist es in diesem Fall besser, das Training abzubrechen und das Pferd seiner eigentlichen Eignung nach einzusetzen. Möglicherweise ist das vermeintliche Reiningtalent doch besser für das Trailreiten oder als Freizeit-Geländepferd geeignet. Natürlich bedeutet eine derartige Entscheidung, daß der Reiter nun wieder zum Ausgangspunkt zurückgehen und praktisch von „Null" anfangen, sich neuerdings ein für Reining talentiertes Pferd suchen, sämtliche Grundlagen neu durchlaufen muß und erst dann wieder mit dem Reining-Training beginnen kann.

Eine derartige Entscheidung kann schwer fallen, ist aber unabdingbar, wenn man das große Ziel, die Ausbildung eines erfolgreichen Turnierpferdes, erreichen will. Im folgenden Basistraining kann der Reiter auf Punkte stoßen, die ihn zu einem solchen Schritt zwingen, allerdings darf auch nicht voreilig ein Pferd als unbrauchbar eingestuft werden, weil es vielleicht gerade eine schlechte Phase hat oder der Reiter den Grund eines Übels nicht sofort erkennt. Nicht selten ist nämlich der Reiter selbst die Ursache für Probleme, die das Training in eine Sackgasse führen. Das zeigt sich dann meistens, wenn ein anderer Reiter das Pferd ins Training nimmt und sich nachfolgend Fortschritte zeigen. Es gilt darum, exakt abzuwägen, wobei eine große Erfahrung im Pferdetraining vonnöten ist, um entscheiden zu können, wo die Ursachen liegen und wie sie möglicherweise zu beheben sind.

Ein talentiertes Reiningpferd wird die Basisarbeit ohne große Probleme durchlaufen können, wobei allerdings immer darauf geachtet werden muß, daß das Basistraining jeweils den Grundstock für jedes weiterführende Training darstellt und damit niemals vernachlässigt werden darf. Die Basisarbeit ist notwendig, um das Pferd auf die nachfolgenden schwierigen Reining-Manöver sowohl körperlich (in erster Linie von der Bemuskelung her) als auch psychisch vorzubereiten. Erst wenn es körperlich die Fähigkeiten erlangt hat und mental die Bereitschaft zu schwierigeren Manövern zeigt, kann zum Aufbautraining übergegangen werden.

Die Aufwärmphase

Wie denkt ein Pferd?

Um ein Pferd überhaupt trainieren zu können, muß man wissen, wie es nicht nur rein körperlich, sondern in erster Linie auch mental funktioniert. In den Phasen des Ein- oder Zureitens wird sich der Reiter immer mit dem Fluchtgedanken eines Pferdes auseinandersetzen müssen. Als Fluchttier wird es stets versuchen, einer neuen und für das Tier damit oft kritischen

Die Körperachse des Pferdes ist in der Längsachse deutlich gebrochen. Das Pferd orientiert sich nach innen und ist somit leicht unter Kontrolle zu halten.

Situation im Zweifelsfalle zu entgehen, indem es wegläuft. Da die Einwirkungsmöglichkeiten auf ein junges oder noch relativ unerfahrenes Pferd verhältnismäßig gering sind (dadurch bedingt, daß ein „grünes" Pferd einen Großteil der Reiterhilfen noch nicht versteht), ist es wichtig zu wissen, von welchem Punkt bis zu welchem anderen Punkt ein Pferd denken kann.

Wenn der Reiter geradeaus – von einem Punkt A zu einem Punkt B – reitet (beispielsweise eine ganze Bahn auf dem Reitplatz), denkt auch das Pferd von A nach B, also geradeaus, nur daß sein Punkt B ein imaginärer Punkt in der Ferne ist, zu dem der Vierbeiner hinstrebt. Das heißt, daß das Pferd zunächst versuchen wird, gegen die Hand des Reiters zu gehen, und dieser entsprechend Schwierigkeiten haben wird, seinen Vierbeiner zu kontrollieren. Aus diesem Grund empfiehlt es sich, jegliches Training von Anfang an immer auf mehr oder weniger engen Kreisen aufzubauen.

Die Größe der Kreise oder Zirkel hängt jeweils von der Gangart, der Geschwindigkeit und dem Ausbildungsstand des Pferdes ab. Läuft das Pferd auf gebogenen Linien, ist seine Körperachse gebrochen, und es ist damit vom Reiter leichter unter Kontrolle zu bekommen. Diese Möglichkeit wendet auch der Pferdetrainer an, wenn er einen Durchgänger korrigiert. Sobald das Pferd versucht, die Flucht zu ergreifen, lenkt der Trainer das Tier auf einen Zirkel, den er stetig verkleinert. Je kleiner der Kreis wird, desto langsamer muß das Pferd werden, da es enge Zirkel in hoher Geschwindigkeit nicht gehen kann. Der andere Punkt ist, daß das Pferd laufen und laufen und laufen kann, jedoch vom Prinzip her nicht von der Stelle kommt. Das Pferd kommt praktisch nie irgendwo an, denn es bewegt sich immer auf gleichen Punkten und kehrt ständig zum Ausgangspunkt zurück. Für den vierbeinigen Partner stellt es sich darum so dar, daß er immer am gleichen Ort bleibt. Damit ist es dem Pferd vom psychologischen Standpunkt her nicht möglich davonzulaufen.

Für das Reining-Training ist das Reiten auf gebogenen Linien darum so wichtig, weil das Pferd auf die Hilfen des Reiters warten (es hat keinen „Punkt B" im Visier, auf den es selbständig zusteuern kann) und damit auf den Reiter „zurückdenken" muß. Das bedeutet, daß das Pferd nicht voreilig oder voraus denken kann; es lernt, „langsam" zu denken. In der Folge lernt das Pferd ebenso, rückwärts zu denken, was wichtig für die Geschwindigkeitskontrolle und das Anhalten ist.

Ein Pferd denkt also immer in geraden Bahnen und nicht auf gebogenen Linien. In der Aufwärmphase hat das Reiten auf dem Zirkel darum den Vorteil, daß das Pferd sich dabei auf seinen Reiter „einstellen“ kann. Es hat seine Gedanken nicht bei den Artgenossen auf der Weide oder an sonst einem Punkt in der Ferne, sondern stets an Ort und Stelle, bei dem, was es gerade tut und wie es das tut. Ein erfahrener Reiter weiß stets, womit sich sein Pferd im Augenblick gedanklich beschäftigt. Er kann feststellen, daß sein Pferd mit den Gedanken immer zehn oder 20 Meter weiter vorne ist, wenn er geradeaus reitet. Sobald er das Pferd aber in eine andere Richtung lenkt, kehren dessen Gedanken sofort zurück und verweilen beim Reiter, so lange, bis dieser sein Tier wieder geradeaus laufen läßt.

Das Reiten auf Zirkeln und Kreisen im Zuge des Trainings hat zum Ziel, dem Pferd beizubringen, auch später als fertig ausgebildetes Pferd an einer geraden Linie und in hoher Geschwindigkeit auf den Reiter zu hören.

Welche Gangart?

Jeder Reiter, der ein Pferd in der Reitbahn oder auch im Gelände auf ein Ziel, sei es auf eine Turnierprüfung oder auch auf einen Wanderritt, vorbereitet, kann sich als Trainer seines Pferdes sehen. Die eigentliche Leistung, die für einen Wander- oder auch nur Spazierritt oder eben für eine Reiningprüfung notwendig ist, wird immer das Pferd erbringen. Darum ist das Pferd der Sportler und der Reiter sein Trainer. Jeder Sportler – ob Fußballspieler, Leichtathlet oder Reiningpferd – muß eine gewisse Aufwärmphase durchlaufen, bevor die Muskeln, aber auch die Psyche bereit sind, bestimmte Übungen auszuführen und damit an deren Verbesserung zu trainieren.

Die mentale Vorbereitung beginnt dabei in der Regel noch vor der körperlichen. Besonders vor einem Wettkampf beschäftigt sich beispielsweise der Leichtathlet gedanklich schon lange vorher mit dem Ablauf eines Rennens. Die Konzentrationsphase vor einem Training ist zwar entsprechend kürzer, aber trotzdem notwendig, um die Übungen erfolgreich trainieren zu können. Der Reiter wird sich darum bereits vor dem Training mit dem Trainingsablauf beschäftigen. Das Pferd hat dabei das Nachsehen, weil es nicht in die Zukunft denken und irgendwelche Aktivitäten im voraus „planen“ kann.

Das Pferd kann kein spezifisches Manöver in seinen Gedanken ablaufen lassen. Auch während des Trainings kann es „nur“ auf die Hilfen des Reiters reagieren und sich nicht auf ein Manöver einstellen, das eine halbe Reitbahnrunde später zwar vom Reiter geplant ist, das es aber nicht voraussehen kann. Die mentale Vorbereitung eines Pferdes spielt sich darum so ab, daß es sich zu der Bereitschaft, schnell und zuverlässig auf die Hilfen des Reiters zu reagieren, erst „sammeln“ muß. Das heißt, es muß die Möglichkeit haben, sich zu konzentrieren und in sich zu gehen, um auf die Reiterhilfen horchen zu können. Dies geschieht während der körperlichen Aufwärmphase auf dem Zirkel, bei dem, wie bereits oben beschrieben, das Pferd nicht nach vorne, sondern „zurück zum Reiter“ denken lernt.

Die körperliche Aufwärmphase gestaltet sich je nach Pferd unterschiedlich. Wichtig ist, daß sich das Pferd lösen kann. Die Muskeln dürfen sich nicht verkrampfen, sondern müssen gelockert werden. Nur ein lockerer Muskel kann „warm“ werden und damit für höhere Belastungen vorbereitet sein. Wenn das Pferd zuvor in einer Box gestanden hat, sind die Muskeln möglicherweise steif und hart, weil sich das Pferd wenig bewegt hat. Es spielt auch eine Rolle, in welcher Verfassung sich das Pferd befindet. Die Muskeln werden „kälter“ sein, wenn das Pferd gerade gedöst hat. Schon etwas lockerer sind die Muskeln, wenn es mit dem Boxennachbarn geplänkelt hat. Die Tiere, die von der Weide oder dem Auslauf hereingeholt werden, sind im allgemeinen schon wesentlich gelöster. Wird das Pferd vor dem Satteln gut durchgestriegelt, läßt sich die Durchblutung anregen und damit die Blutversorgung der Muskeln fördern.

Es spricht nichts dagegen, das Pferd beim Aufwärmen nach einigen Runden im Schritt sofort anzugaloppieren. Vernünftigerweise geschieht dies auf etwa mittelgroßen Zirkeln, wobei das Pferd am verhältnismäßig losen Zügel ein ihm angenehmes Tempo gehen kann. An kalten und windigen Tagen empfiehlt es sich bei den meisten Pferden aber dennoch, diese zuvor einige Runden traben zu lassen, weil die Pferde bei solchem Wetter häufig sehr verspannt sind und dann möglicherweise dazu tendieren, beim ersten Angaloppieren zu buckeln. Um dem vorzubeugen, sollte man so lange traben, bis sich das Pferd gelöst hat.

Eine weitere Variante ist, ein Pferd generell nur im Schritt warmzureiten, indem man graduell immer mehr Biegungen und engere Zirkel einbaut, wobei man aus diesen Bewegungsabläufen direkt in das Training des *Spin* einsteigen kann, wenn der *Turn around* beispielsweise auf dem heutigen Trainingsplan steht. Dabei ist es durchaus möglich, daß an solchen Tagen überhaupt nicht getrabt oder galoppiert wird.

Ein Pferd signalisiert dem Reiter, daß es warm genug ist, wenn es im Galopp flach wird, den Rücken hergibt und damit bequem zu sitzen ist, wenn es sich willig versammeln läßt und im Gleichgewicht ruhig und langsam galoppieren kann.

Dauer der Aufwärmphase

Die Aufwärmphase kann fließend ins eigentliche Training übergehen. Das hängt überwiegend davon ab, was man trainieren will. Ein erfahrener Reiter kann es fühlen, ab welchem Zeitpunkt ein Pferd für schwierigere, das heißt, den Körper belastendere Manöver bereit ist. Schnelle Drehungen und abrupte Stops sind in der Aufwärmphase tabu. Die Folgen könnten sonst schwere Zerrungen von Sehnen, Bändern und Muskeln sein. Solche Verletzungen benötigen eine sehr lange Regenerationszeit und können bei zu frühem Einsatz sehr schnell wieder aufbrechen. Ärgerlich sind Zerrungen natürlich besonders deshalb, weil sie vermeidbar gewesen wären. Eine langsame Steigerung der Schnelligkeit beziehungsweise des Schwierigkeitsgrades eines Manövers ist darum ratsam. Ist sich der Reiter unsicher, ob das Pferd für eine Übung schon warm genug ist, sollte er lieber noch einige Runden locker galoppieren. Es ist aber auch nicht einträglich, wenn ein Pferd während der Aufwärmphase müde geritten wird.

Es ist durchaus in Ordnung, das Pferd im Galopp warmzureiten, wenn dies die Konstitution des Pferdes und die Witterung zulassen. Ist man sich nicht ganz sicher, ob das Pferd für einen Galopp locker genug ist, kann man es auch vor dem Training ohne Reiter für einige Minuten allein in der Halle laufen lassen. Dabei kann es sich austoben und je nach Bedarf mit Bocksprüngen eventuelle Verspannungen lösen.

Schneller locker wird das Pferd auch, wenn es in der Aufwärmphase in der Gangart und Geschwindigkeit gehen darf, in der es sich am wohlsten fühlt. Nur Bocksprünge und Renngalopp scheiden unter dem Reiter schon aus Sicherheitsgründen aus, ansonsten heißt das Motto: In den ersten Runden darf das Pferd die Gangart bestimmen.

Je nach Witterung, Felldichte und -länge des Pferdes sowie dessen Konstitution und Kondition ist bei einem gut aufgewärmten Pferd ein leichter Schweißausbruch festzustellen. Legt man die Hand auf das Fell des Pferdes, spürt man ebenso den Wärmezustand des Körpers. Ob das Pferd warm genug ist, erkennt ein erfahrener Trainer daran, wie sich das Tier anfühlt und bewegt. Er kann nach seinem Gefühl entscheiden, wann er langsam zu schwierigeren Manövern wechselt. Wenn er beispielsweise Drehungen üben will, weiß er, daß er sein Pferd im Schritt warmreiten und daraus die Drehungen entwickeln kann. Oder aber er reitet sein Pferd im Galopp warm, wenn er Stops trainieren möchte. Auf diese Weise bereitet die Aufwärmphase auf die eigentlichen Manöver vor, die das Trainingsprogramm für diesen Tag vorsieht.

Das Fundament

In allen Bereichen des Sports müssen bei bestimmten Manövern mehrere Komponenten zusammentreffen, damit eine Übung gelingen kann. Bei einem Läufer beispielsweise muß die Beinmuskulatur gut trainiert sein. Das allein genügt aber nicht, um gute Laufzeiten zu erzielen. Der Sportler muß das richtige Schuhwerk tragen, die Ernährung muß stimmen, zudem ist eine gute Konstitution des gesamten Körpers ausschlaggebend. Es kommen also viele Punkte zusammen, bis das Ziel eines Vorhabens erreicht werden kann. Dagegen kann eine Anhäufung von Komponenten, die sich negativ auswirken, das erklärte Ziel auch scheitern lassen.

Genauso ist es beim Pferd: Es genügt nicht, daß das Pferd gute Grundvoraussetzungen hat, um flüssig den Galopp zu wechseln. Das Pferd muß zudem nachgiebig im Maul sein, den äußeren Schenkel akzeptieren und gut durchgymnastiziert sein. Das alles gehört zu den Dingen, die man „Fundament“ nennt. Darunter ist im allgemeinen die vertikale und laterale Biegung, die Entwicklung des Mauls, die Akzeptanz der Schenkel in Verbindung mit der Zügelhilfe und die daraus resultierende Versammlung zu verstehen. Dies sind grundsätzliche Punkte, die, zuvor einzeln trainiert, später in ihrer Gesamtheit funktionieren müssen.

Laterale und vertikale Biegung

Die Biegung ist ein fundamentales Element in der Aus- und Weiterbildung von Pferden. Sie dient nicht nur zur Gymnastizierung des Pferdes oder allein zum Reiten von gebogenen Linien, sie ist vorrangig ein Kernfaktor zur Kontrolle des Pferdes. Wie bereits im Abschnitt „Wie denkt ein Pferd?“ erklärt, fällt es dem Reiter leichter, ein Pferd auf einer Kreisbahn zu kontrollieren als auf einer Geraden. Somit erhält der Reiter auch die Kontrolle über die einzelnen Körperteile des Pferdes. Um eine wirkliche Biegung in der Horizontalen zu erreichen, genügt es nicht, den Kopf des Pferdes „herumzuziehen“.

Begonnen wird mit der Biegung, indem mit dem Zügel Impulse auf das Pferde-

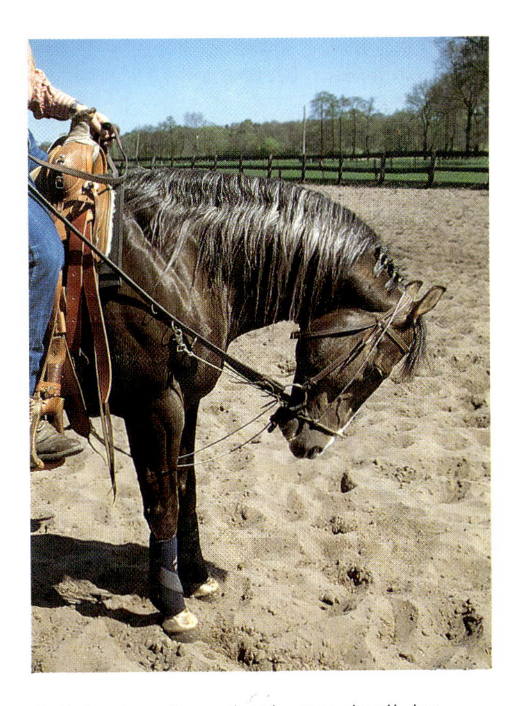

Auf das Annehmen beider Zügel soll das Pferd in der Vertikalen nachgeben und mit Nase und Genick nach vorwärts/abwärts abtauchen.

The Hollywood Man *gibt widerspruchslos und elastisch dem angenommenen Zügel nach und führt seine Nase bis zum Fuß des Reiters.*

maul gegeben werden, denen das Pferd nach rechts beziehungsweise nach links nachgibt. Damit bringt der Reiter den Kopf und den Hals in Stellung. Die Schulter folgt in die Biegung, die sich nachfolgend bis zur Hüfte fortsetzen muß. Erst wenn ein Pferd vom Kopf bis zum Schweifansatz gebogen ist, kann von einer wirklichen Biegung gesprochen werden.

Die laterale Biegung ist immer die Vorstufe zur vertikalen Biegung. Nur wenn das Pferd gelernt hat, dem Zügelzug horizontal zu folgen, wird es später dem Zügel auch vertikal nachgeben. Die vertikale Biegung ist wiederum Vorbedingung zur Entwicklung des Mauls und, im Zusammenspiel mit den Schenkelhilfen, zur Versammlung. Da die laterale Biegung die Grundlage für jegliches weiterführende Training darstellt, muß besonderes Augenmerk auf eine gute Biegearbeit gelegt werden. Der Trainer darf sich nicht mit Teilerfolgen zufrieden geben, weil ein wackeliger Grundstock keine Basis für ein solides Aufbautraining darstellen kann. Wird ein Pferd konsequent mit der Arbeit auf gebogenen Linien konfrontiert, lernt es, die Zügelhilfen zu akzeptieren. Es wird zudem durchgehend gymnastiziert, was für sämtliche Reining-Manöver notwendig ist. Das Pferd kann sich leichter und flinker bewegen, da es durch das Training geschmeidiger und biegsamer geworden ist. Eine gut funktionierende Vertikalkontrolle ist dem Trainer der Beweis dafür, daß die laterale Biegearbeit gefruchtet hat.

Die Entwicklung des Mauls

Das Maul eines Pferdes ist für den Reiter der Schlüssel zum Pferd. Es besteht zwischen der Reiterhand und dem Pferdemaul durch den Zügel eine primäre Verbindungs- und somit Kommunikationslinie, der sehr viel Bedeutung beizumessen ist. Es ist für den Reiter sehr wichtig, bereits im Vorfeld ein Pferd zu wählen, das ein „gutes Maul“ hat. Der Reiter kann ein gutes Maul weiterentwickeln, jedoch gibt es Pferde, die von Grund auf ein gutes, ein weniger gutes oder „gar kein Maul“ haben. Pferde, die „gar kein Maul“ haben, werden stets versuchen, gegen die Hand des Reiters zu gehen. Diese Tiere sind schwer auszubilden und scheiden darum für das Turnier-Training meistens aus.

In der Regel aber wird das Maul eines Pferdes vom Reiter „geformt“. Die Weich- oder Hartmäuligkeit eines Pferdes ist fast immer auf die Hand des Reiters zurückzuführen. Man sollte sich daher sehr viel Zeit lassen, das Maul des Pferdes zu entwickeln. Der Reiter muß während des ganzen Trainings- und Showlebens darauf achten, daß das Pferd ein „hundertprozentiges Maul“ hat. Das bedeutet, daß das

Pferd das Gebiß stets akzeptieren und dem Druck durch den Zügel in allen Situationen nachgeben muß. Die Entwicklung des Mauls erfordert viel Geduld und Einfühlungsvermögen und darf niemals vernachlässigt werden.

In der Praxis resultiert die Entwicklung des Mauls aus der vertikalen Biegung. Wenn das Pferd im Training entsprechend fortgeschritten ist und gelernt hat, zu den Seiten nach rechts und links nachzugeben, kann der Reiter die Entwicklung des Mauls vorantreiben, indem er zu den Übungen der vertikalen Biegung übergeht. Das Pferd muß dabei die Nase etwas einziehen, um mit dem Unterkiefer nachzugeben. Es bringt das Genick etwas tiefer, streckt also den Hals nach vorwärts/abwärts, denn eine Aufrichtung ist beim Westernpferd nicht erwünscht. Das Pferd soll dabei willig an das Gebiß herantreten. Das heißt nicht, daß das Pferd gegen die Hand *ziehen* soll, es soll vielmehr lernen, das Gebiß zu akzeptieren.

Wenn das Pferd so extrem – wie hier gezeigt – gegen das Gebiß getrieben wird, erreicht man damit, daß es vom Druck im Maul weggeht, die Hinterhand unter sich bringt und gleichzeitig – wie man am hochstehenden Sattel sehen kann – den Rücken aufwölbt.

Dies wiederum bedeutet, daß das Pferd keinen Widerstand spüren läßt, sobald der Reiter Druck auf sein Maul ausübt, sondern willig nachgibt. Der Reiter muß das Gefühl haben, als würde er ein Messer durch warme Butter ziehen. Das Pferd muß die Tendenz verspüren lassen, vom Gebiß wegzugehen, was aber nicht heißen soll, daß es vor dem Gebiß Angst hat und deshalb versuchen wird, dem Druck im Maul auszuweichen, indem es den Kopf hochwirft oder einrollt. Es soll das Gebiß als Kommunikationsmittel begreifen, dessen Signale über die Zügel von der Reiterhand übermittelt werden und die es willig aufnimmt und befolgt. Darum ist über den

Zügel ein leichter Kontakt zum Pferdemaul durchaus in Ordnung.

Jedes junge Pferd wird sich für den Reiter während der ersten Trainingsphasen hartmäulig anfühlen, da es für ein Pferd natürlich ist, zunächst einmal gegen den Zug zu gehen, anstatt diesem nachzugeben. Darum spricht man auch von der „Entwicklung des Mauls". Damit das Pferd Respekt vor dem Gebiß bekommt, kommt der Reiter nicht umhin, auch einmal deutlicher mit der Hand einzugreifen. Konkret heißt dies, daß es in bestimmten Situationen notwendig werden kann, daß der Reiter auch einmal mit Kraft am Zügel ziehen muß, um dem Pferd Respekt einzuimpfen. Ein ähnlicher Effekt wird beispielsweise bei der Bodenarbeit erreicht, wenn das Pferd ausgebunden wird. Wenn das Pferd in dieser Form mit dem Gebiß konfrontiert wird, wird es bald feststellen, daß es unangenehmer ist, gegen das Gebiß zu ziehen, als dem Druck nachzugeben. Wie in allen Phasen des Trainings sucht auch hier das Pferd einen Ausweg, um sich das Training so angenehm wie möglich zu machen. Während der Entwicklung des Mauls kann es darum durchaus sein, daß das Pferd zunächst einmal dagegenzieht, wenn der Reiter die Zügel annimmt. Dann ist es notwendig, den Zügel entsprechend lange festzuhalten, bis das Pferd eine andere Richtung sucht, nämlich dem Gebiß nachzugeben. Bei Pferden, die ein sensibles beziehungsweise „gutes" Maul haben, wird die Entwicklung sehr rasch voranschreiten, was natürlich mit der entsprechenden mentalen Voraussetzung gepaart sein muß, daß ein Pferd auch nachgeben *will*.

Im Normalfall lernt das Pferd sehr schnell, dem Gebiß nachzugeben, wenn es ein paarmal die Reiterhand beziehungsweise das Gebiß getestet hat und ihm der Weg des geringeren Widerstands gezeigt worden ist. Daß ein Pferd niemals hart angefaßt werden darf, wenn man bestrebt ist, es weichmäulig zu halten, wird oft mißverstanden. Es liegt in der Natur der Sache, daß 90 Prozent aller Pferde erst dann nachgeben, wenn sie hart angefaßt wurden. Während des Trainings kann es immer einmal passieren, daß man konsequenter zupacken muß. Dies garantiert aber, daß das Pferd weichmäulig bleibt. Genau aus diesen Gründen gibt es auch Gebisse beispielsweise mit einem gedrehten Drahtmundstück, die schärfer einwirken und durchaus zur Wiederherstellung des Respekts vor der Hand des Reiters geeignet sind, ohne daß das Pferd malträtiert werden muß.

Nur einem Pferd, das gelernt hat, zuverlässig und widerspruchslos das Maul herzugeben, kann der Reiter sämtliche Manöver in Perfektion beibringen. Die Akzeptanz des Gebisses muß sich wie ein roter Faden durch die gesamte Ausbildung eines Pferdes ziehen und darf niemals vernachlässigt werden.

Schenkel und Zügel

Mit den Zügeln läßt sich ein Pferd in verschiedene Richtungen lenken, und auf Druck im Pferdemaul wird ein gutmäuliges Pferd willig nachgeben. Der Reiter kann sich über die Zügel mit seinem Pferd bis zu einem bestimmten Grad verständigen. Allerdings wird selbst der Westernreiter ohne Schenkelhilfen nicht auskommen. Sie geben dem Pferd eine zusätzliche Hilfestellung, lassen es eine korrekte Haltung einnehmen und die gewünschten Bewegungen ausführen.

Schenkelhilfen sind in erster Linie für die Versammlung notwendig sowie für die Tempobeschleunigung und Richtungsänderung. Für die Tempobeschleunigung muß das Pferd den Schenkel als Hilfe akzeptieren und darf keinesfalls vor dem Schenkel fliehen. Viele Pferde laufen jedoch vor dem Schenkeldruck unkontrolliert davon. Dies passiert dann, wenn das Pferd nicht gelernt hat, die Schenkel als Hilfe zu begreifen oder wenn das Tier

Angst hat beziehungsweise unsicher ist. Angst löst dabei den Fluchtreflex des Pferdes aus, so daß es vor dem Schenkeldruck flieht. Man sagt in diesem Fall, das Pferd sei schenkelflüchtig. Diese Situation entsteht, wenn der Reiter die Hilfen zu grob gibt und das Pferd unsachgemäß an falscher Stelle überfällt. Ein unsicherer Reiter klammert sich dagegen meist in einer heiklen Situation reflexartig mit den Beinen am Pferd fest – auch dadurch wird das Pferd zu einer fluchtartigen Reaktion animiert.

Den Schenkel zu akzeptieren heißt, daß das Pferd auf einen einseitigen Schenkeldruck seitwärts treten, einer Richtungsänderung folgen oder im entsprechenden Zusammenspiel mit anderen Hilfen auf die Galopphilfe reagieren soll. Auf einen beidseitigen Druck muß das Pferd antreten beziehungsweise das Tempo kontrolliert beschleunigen oder auch rückwärtstreten. Mit anderen Worten: Das Pferd muß den Schenkeldruck immer als Signal auffassen und darf weder davor weglaufen noch aus einem Zwang heraus reagieren. Es soll den Reiterschenkel ebenso als Kommunikationsmittel verstehen wie das Gebiß, die Stimme oder die Gewichtsverlagerung.

Der Reiter soll also seine Beine sozusagen um das Pferd legen können, ohne daß das Pferd davor wegläuft. Auch wenn das Pferd als lebendes Wesen betrachtet werden muß, kann man hier durchaus den Vergleich mit einem Auto wagen. Die Schenkel stellen dabei das Gaspedal dar. Wenn der Reiter die Schenkel zusammendrückt, sollte das Pferd je nach Stärke des Drucks beschleunigen. Werden die Schenkel nun langsam wieder weggenommen, soll auch das Pferd wieder langsamer werden. Damit hat der Reiter eine sehr gute

Das Pferd galoppiert nach innen gestellt mit gut untertretender Hinterhand, tiefem Genick und leichter Anlehnung auf dem Linkszirkel.

Kontrolle über die Geschwindigkeit seines Pferdes. Er kann eine hohe Geschwindigkeit allein mit dem Wegnehmen der Schenkel verlangsamen, ohne daß er den Zügel zu Hilfe nehmen muß.

Es ist ganz einfach falsch zu glauben, daß Westernreiten ohne Schenkelhilfe funktionieren kann. Zumindest ist dies nicht bei einem reiningtrainierten Pferd möglich. Die Reining ist eine Dressurausbildung, und diese Ausbildung bedingt, daß das Pferd lernt, den Schenkel zu akzeptieren, zu respektieren und ihm zu gehorchen. Dies aber setzt wiederum voraus, daß der Reiter seine Schenkel ans Pferd bringen kann, ohne daß der Vierbeiner davor wegläuft oder unkontrolliert schneller wird.

Wie schon erwähnt, sind die Schenkelhilfen unbedingt erforderlich, um die Versammlung zu erreichen. Dies kann nur in Verbindung mit den Zügelhilfen geschehen. Wenn der Reiter das Pferd mit den Schenkeln „gegen das Gebiß" reitet, entsteht eine Situation, bei der sich der Vierbeiner mit einer für ihn gegensätzlichen Hilfengebung konfrontiert sieht. Hat das Pferd aber gelernt, die Hilfen entsprechend zu akzeptieren und sie zu befolgen, weicht es einerseits vom Gebiß, das heißt dem Druck von vorne, indem es im Genick nachgibt, andererseits schiebt es seinen Körper von hinten nach vorne, da die Schenkel eine Beschleunigung, also eine Aktivierung der Hinterhand, fordern. Als Folge davon schiebt sich das Pferd in sich zusammen. Es kann in dieser versammelten Haltung viel besser auf der Hinterhand arbeiten – eine wichtige Grundlage des Reiningtrainings.

Versammlung

Die Versammlung ist in erster Linie also das Ergebnis des Zusammenspiels von Schenkel- und Zügelhilfen. Viele Reiter sind der Meinung, daß im Westernreiten der Versammlung keinerlei Bedeutung beigemessen wird. Das stimmt keineswegs. Die Versammlung ist nicht nur für eine pferdeschonende Reitweise absolut notwendig, sondern auch für die Möglichkeit, bestimmte Manöver auszuführen. In vielen Sparten der Westernreiterei verzichtet man allerdings auf die extreme Versammlung, die im konventionellen Dressursport oder in der spanischen Reitweise das Markenzeichen ist.

Die Versammlung sorgt dafür, daß sich das Pferd auf der Hinterhand bewegen kann, die stärker gebaut ist als die Vorhand. Ein Pferd trägt sein eigenes Gewicht zu zwei Drittel auf der Vorhand. Jedes in sich geschlossene Reitsystem – ob es sich um die spanische Reitweise, die Westernreitweise, das Dressurreiten oder sonst eine Reitweise handelt – zielt darauf ab, dem Pferd beizubringen, sein Gewicht und das des Reiters auf die wesentlich stärker belastbare Hinterhand zu bringen.

Jeder Reiter kennt den Ausdruck „das Pferd läuft auf der Vorhand". Das gibt es sowohl beim Westernreiten als auch bei allen anderen Reitweisen. Verhindern läßt es sich nur dadurch, daß man das Pferd dazu bekommt, sein Gewicht vermehrt auf die Hinterhand zu verlagern. Dazu muß das Pferd seine Hinterhand unter seinen Körper schieben, was der Reiter in erster Linie mit seinen Schenkelhilfen bewerkstelligen kann.

Die Schenkelhilfen dienen im Zusammenspiel mit den Zügelhilfen dazu, das Pferd gegen das Gebiß reiten zu können. Dazu nimmt der Reiter die Zügel auf und stellt einen Kontakt zum Pferdemaul her. Schließlich beginnt man, das Pferd mit immer stärker werdendem Schenkeldruck gegen das Gebiß zu treiben. Sobald man merkt, daß das Pferd im Maul nachgibt, geht man mit der Hand langsam vor und nimmt die Schenkel wieder vom Pferdekörper weg. Dies ist ein Bewegungsablauf, der von hinten nach vorne stattfindet. Das heißt, daß der Reiter nicht mit den Zügeln ziehen darf und dabei abwartet, bis das

Ima Sanpeppy Smoke *galoppiert hier in perfekter Haltung am losen Zügel auf einem Linkszirkel.*

Pferd nachgibt. Vielmehr muß er das Pferd – von hinten nach vorne – mit den Schenkeln gegen das Gebiß treiben. Jeder Reiter kann seinem Pferd beibringen, im Maul nachzugeben und den Kopf tiefzunehmen, wenn er nur lange genug im Maul „herumsägt". Allerdings ist er damit auf dem besten Wege, sein Pferd kaputtzumachen, es entsprechend abzustumpfen, so daß das Pferd auf feine Zügelhilfen nicht mehr reagiert. Zudem wird der Reiter so niemals die für korrektes Reiten notwendige Versammlung erreichen.

Um es noch einmal zu verdeutlichen: Die Versammlung wird nicht mit einem Zug am Zügel erreicht. Der Zügel darf lediglich anstehen. Der Druck auf das Pferdemaul findet erst dann statt, wenn der Reiter sein Pferd mit den Schenkeln nach vorne – gegen das Gebiß – reitet. Diesem Druck, der allein aus der Schenkelhilfe hervorgeht, weicht das Pferd durch Nachgeben im Genick aus. Das Pferd bleibt dabei in einer schwungvollen Vorwärtsbewegung, nimmt aber das Gewicht vermehrt auf die Hinterhand. Als Grundregel kann gelten, daß im Maul so viel gegengehalten werden kann, wie durch die Schenkel Schub aus der Hinterhand erzeugt wird. Das bedeutet, daß die Anlehnung im Pferdemaul im direkten Verhältnis zum Schenkeldruck steht. Dies gewährleistet, daß das Pferd nicht von vorne nach hinten, sondern von hinten nach vorne geritten wird.

Eine korrekte Versammlung ist aber wiederum erst dann möglich, wenn das Pferd gelernt hat, im Maul nachzugeben, den Hals etwas abzusenken und die Schenkel als treibende Hilfe zu verstehen und zu akzeptieren. Erst wenn der Reiter dies erreicht hat, hat er überhaupt die Grundlage, um die in der Reining vorkommenden komplizierten Manöver zu trainieren. Die Nachgiebigkeit im Maul und die Akzeptanz der Schenkel muß dabei in jeder Gangart, in jeder Situation und in jeder Geschwindigkeit sitzen. Wenn diese fundamentale Voraussetzung hundertprozentig verankert ist, hat man im Falle irgendwelcher Schwierigkeiten mit dem Pferd eine Basis, auf die man zurückgreifen kann und die einem erlaubt, größeren Problemen aus dem Weg zu gehen.

Grundübungen

Biegen und Geraderichten

Das Grundtraining eines Pferdes verläuft zuerst einmal hauptsächlich auf gebogenen Linien. Der Reiter wählt hierzu mehr oder weniger große Kreise, welche die mentale Funktion haben, den Fluchtinstinkt des Pferdes weitgehend zu unterbrechen. Zudem fördert das Reiten auf dem Zirkel die Balance des Pferdes, die gerade bei jungen und unausgebildeten Pferden noch unterstützt werden muß. Die Gangart ist dabei zunächst zweitrangig, es empfiehlt sich jedoch, im Schritt zu beginnen und mit zunehmender Sicherheit in den Trab und später in den Galopp zu wechseln. Das Pferd soll beim Reiten auf gebogenen Linien primär lernen, dem inneren Zügel zu folgen. Es muß den Zügelzug akzeptieren und mit der Nase nachgeben.

Der Reiter wird nun feststellen, daß sich sein Pferd auf einer Seite leichter in die Biegung reiten läßt als auf der anderen. Das ist völlig normal, da es bei Pferden wie auch beim Menschen eine Rechts- oder Linkshändigkeit gibt. Wenn man davon ausgeht, daß die Wirbelsäule eines Pferdes niemals schnurgerade, sondern stets mehr oder weniger gebogen ist, läßt sich leichter verstehen, daß ein Pferd auf einer Seite steifer sein muß als auf der anderen. Diese Asymmetrie erschwert dem Pferd, spurtreu zu laufen. Spurtreu heißt, daß die Hinterhufe sowohl beim Geradeauslaufen als auch in der Biegung in die Spuren der Vorderhufe treten sollten. Nur so ist das Pferd ausbalanciert und kann schwierigere Aufgaben unter dem Reiter lösen.

Die Rechts- oder Linkshändigkeit ist an folgenden Punkten zu erkennen: Ist ein Pferd auf der rechten Seite steifer, schwenkt das rechte Hinterbein nach außen. Die Vorhand wird demzufolge nach links verschoben, der Hals ist dabei leicht nach rechts gebogen, um das Gleichgewicht wieder herzustellen. Das rechte Vorderbein wird damit stärker belastet, weil es am nächsten unter der Schwerpunktlinie steht. Ein solches Pferd wird überwiegend den Linksgalopp bevorzugen, da es mit der linken Schulter frei ist und so mit der linken Vorhand leichter ausgreifen kann. Der Reiter erkennt auch ein häufigeres Ausbrechen über die linke Schulter. Noch deutlicher ist die einseitige Steifheit erkennbar, wenn das Pferd gegen einen Schenkel geht und auf den gegenüberliegenden Zügel schlecht reagiert.

Diese Umstände machen es erforderlich, das Pferd symmetrisch auszubilden, es also „geradezurichten". Nur ein geradegerichtetes Pferd ist in der Lage, exakt unter seinen Schwerpunkt zu treten und das Reitergewicht entsprechend auszubalancieren. Erst dann kann die Hinterhand zum Tragen veranlaßt werden, denn eine Hinterhand, die nicht unter dem Schwerpunkt steht, ist auch nicht fähig, Gewicht aufzunehmen. Ein „schiefes" Pferd wird demzufolge immer auf der Vorhand laufen, was sich negativ auf den Bewegungsapparat des Pferdes auswirken wird. Es kann zu chronischen Lahmheiten kommen, die Dauerschäden hervorrufen und im schlimmsten Fall das Pferd als Reittier unbrauchbar machen. Ein Pferd, dessen Reiter nicht imstande ist, es geradezurichten, wird niemals schwierige Reiningmanöver ausführen können, da hierfür stets eine Hinterhand vonnöten ist, die unter den Schwerpunkt von Reiter und

Pferd treten und das gesamte Gewicht aufnehmen kann.

Wenn man auf folgende zwei Dinge besonderes Augenmerk legt, wird das Pferd sein Gewicht verstärkt auf die Hinterhand verlagern – die Vorbedingung für jedes korrekt ausgeführte Reiningmanöver:

- **Die treibenden Schenkelhilfen schieben die Hinterhand stärker unter den Pferdekörper, wenn zugleich die Zügelhand ansteht und das Pferd dabei leicht im Genick nachgibt (= Versammlung).**
- **Nur ein ausbalanciertes Pferd kann sein Gewicht auf der Hinterhand tragen, was der Reiter durch das Geraderichten des Pferdekörpers, sprich die symmetrische Ausbildung beider Körperhälften, erreicht.**

Die korrekte Körperausrichtung eines Pferdes ist immer die Konsequenz aus der Biegung nach links und rechts. Das Reiten von gebogenen Linien fördert die Gymnastizierung auf beiden Seiten, so daß es dem Pferd möglich ist, sich entsprechend auszubalancieren und unter den Schwerpunkt zu treten, sprich geradegerichtet und damit spurtreu zu laufen. Die steifere Seite eines Pferdes wird im Laufe des Trainings intensiver trainiert, um schneller eine Gleichseitigkeit zu erreichen. Ist das Pferd nun beidseitig weich und geschmeidig, werden die Rechts- und Linkswendungen im Training gleichmäßig verteilt. Erst wenn das Pferd in jeder Gangart auf beiden Seiten vom Genick bis zur Schweifwurzel gebogen läuft, wenn es gelernt hat, dem inneren Zügel und inneren Schenkel zu folgen, nachzugeben und in gleichmäßigem Rhythmus am losen Zügel zu galoppieren, erst dann reitet man längere Strecken geradeaus. Sollte das Pferd dabei versuchen, schneller zu werden, oder der Reiter das Gefühl haben, daß das Pferd aus dem Gleichgewicht kommt, schwenkt man wieder auf einen Zirkel ein und geht in die korrekte Biegung.

Der innere Zügel bewirkt in Zusammenwirkung mit dem inneren Schenkel, daß das Pferd seinen Rippenbogen nach außen bringt und sich dabei „hohl“ macht.

Erst wenn das Pferd auf dem Zirkel in der korrekten Biegung gehen kann, ist es ihm auch auf der Geraden möglich, „gerade“ zu laufen. Ein Pferd bewegt sich auf gerader Linie, wenn die Längsachse des Pferdes vom Genick über die Schulter bis hin zur Hinterhand verläuft. Es dürfen weder die Schulter, der Kopf, noch die Hinterhand von dieser Längsachse abweichen. Die Längsachse des Pferdes muß also genau der Kreisbiegung entsprechen, auf der Reiter und Pferd sich im Augenblick befinden. Auf einer Geraden muß diese Linie entsprechend geradlinig sein. Nun ist das Pferd „geradegerichtet“, das heißt, es ist im Gleichgewicht und imstande, unter den Schwerpunkt zu treten. Jetzt kann der

Reiter seine Aufmerksamkeit darauf richten, daß das Pferd weich wird, dem inneren Zügel nachgibt und sich beim Druck des inneren Schenkels „hohl" macht.

Das Pferd muß sensibel auf die Reiterhilfen reagieren. Auf ein Annehmen am inneren Zügel sollte die Pferdenase sofort leicht abkippen. Das Pferd beginnt, sich steuern zu lassen.

Die Steuerung

Für den Trainer ist es sehr wichtig zu wissen, daß die Steuerung des Pferdes immer in der Schulter sitzt, denn dort, wo die Schulter des Pferdes hingeht, geht auch das Pferd hin. Viele Reiter glauben, daß das Pferd immer seiner Nase nach läuft, das heißt, wo sie den Kopf des Pferdes hinziehen, müßte auch das Pferd hinlaufen. Es ist natürlich das Ziel, daß das Pferd seiner Nase folgt, denn dies ist Bestandteil der korrekten Biegung auf einer Kreislinie. Doch dies kann man nicht damit erreichen, daß man die Nase des Pferdes einfach mit dem Zügel herumzieht.

Ein Pferd kann seinen Kopf fast bis zum Reiterknie herumnehmen, aber dennoch geradeaus laufen. In vielen Fällen passiert dies, wenn der Reiter beispielsweise zur rechten Seite hin abwenden will, das Pferd sich aber gegen den inneren Zügel wehrt, weil es möglicherweise geradeaus laufen möchte. Dabei lehnt sich das Pferd gegen den äußeren Zügel und schiebt die Schulter geradeaus weiter: Es bricht über die Schulter aus. Deshalb muß es das Ziel sein, immer die Schulter und nicht den Kopf kontrollieren zu können.

Der Bewegungsrichtung der Schulter folgen der Rippenbogen und die Hüfte, wo auch immer sich der Kopf befindet. Darum muß man versuchen, im Laufe des Trainings immer mehr Einfluß auf die Schulter des Pferdes zu nehmen, um die Steuerung zu sensibilisieren. Das Pferd soll sich auf die leiseste Hilfe lenken lassen, dabei auf den Zirkel oder auch in die Drehung gehen. Um zu verhindern, daß sich das Pferd gegen den äußeren Zügel lehnt, wird eine Wendung von Anfang an dadurch eingeleitet, daß zuerst der äußere (und spätere *Neck rein*-)Zügel am Hals angelegt und erst dann mit dem inneren Zügel dirigiert wird. Der Trainer verfährt dabei nach dem Prinzip, daß für ihn der innere Zügel den Stellungszügel darstellt, der das Pferd bei einer Wendung oder auf einer Kreisbahn gegebenenfalls in die richtige Stellung bringt, während der äußere Zügel der Lenkzügel ist, dem das Pferd weichen soll. Auf Druck des äußeren Zügels beginnt das Pferd also die Richtung zu ändern, während es sich aufgrund des inneren Zügels für die Richtungsänderung korrekt stellt. In dieser Form kann der Reiter allein mit den Zügeln sein Pferd vom Genick bis zur Schulter kontrollieren. An der Schulter beginnt der Wechsel auf die Schenkel, die die Steuerung von der Schulter bis in die Hinterhand übernehmen. Der Wechselpunkt an der Schulter kann sich dabei einmal etwas weiter nach vorne oder nach hinten verschieben. So kann man in Ausnahmefällen auch die Schenkel an der Schulter einsetzen und auf die Steuerung einwirken.

Die Schulter befindet sich, bezogen auf den Kopf oder Hals, immer innen oder außen. Wenn der Kopf und der Hals beispielsweise nach rechts gebogen sind, so befindet sich die Schulter im Verhältnis dazu immer links. Ob das Pferd nun mit der Schulter nach innen oder außen fällt, ist darum immer auch eine Frage der Kopf-Hals-Haltung. Dabei ist es wichtig zu wissen, daß Kopf und Hals das Balancesystem des Pferdes darstellen. Um die verschiedenen Reiningmanöver in der Balance ausführen zu können, ist es notwendig, daß das Pferd Kopf und Hals in die Richtung bringt, in die es sich bewegt. Geht man nun davon aus, daß sich die Schulter nach links bewegt, müssen Kopf und Hals ebenfalls nach links gestellt werden, um diesen Bewegungsablauf in der Balance auszu-

Der rechte Schenkel schiebt das Pferd in Verbindung mit dem rechten Zügel über die linke Schulter. Das Pferd befindet sich in der sogenannten Conterbiegung (es bewegt sich nach links, obwohl es nach rechts gestellt ist).

führen. Um eine Einwirkung auf die Schulter als steuerndes Element nehmen zu können, kann es im Training durchaus vorkommen, daß man durch Annehmen des linken oder rechten Zügels Kopf und Hals stark auf eine Seite biegt, um die Schulter in die entgegengesetzte Richtung zu schieben. Dabei macht man es sich zunutze, daß das Pferd über die Schulter weglaufen will. Um die Schulter beispielsweise nach links zu steuern, nimmt man den rechten Zügel auf eine Weise an, daß man die Zügelhand geradlinig zur Körpermitte führt, damit der rechte Zügel am Hals des Pferdes anliegt, und schiebt die Schulter des Pferdes mit dem rechten Schenkel nach links.

Das Anlegen des rechten Zügels dient dem Pferd später als Signal, sich nach links zu bewegen. Diese Vorgehensweise ist als Hilfe für das Pferd zu verstehen, um ihm klar zu machen, in welche Richtung es sich bewegen soll. Wenn diese Übung übertrieben wird, kann es passieren, daß das Pferd den Kopf grundsätzlich nach außen nimmt, sobald es in eine bestimmte Richtung gehen soll. Die Folge davon wäre, daß das Pferd ständig auf die innere Schulter fallen würde und nie im Gleichgewicht ginge. Darum sollte man diese Übung nur so lange ausführen, bis das Pferd verstanden hat, daß das Annehmen und Anlegen eines Zügels eine Richtungsänderung in die entgegengesetzte Richtung bedeutet. Um dies dann im Gleichgewicht auszuführen, wird das Pferd mit dem inneren Zügel daran erinnert, Kopf und Hals ebenfalls in die Bewegungsrichtung zu bringen. Damit wird das Pferd einen Zirkel, eine Kehrtwendung oder eine Hinterhandwendung zwangsläufig mit senkrechter Schulter, in sich gebogen und im Gleichgewicht ausführen.

Die Steuerung durch die Schenkel gibt dem Reiter eine weitere Möglichkeit, sein Pferd nicht nur „in der Spur" laufen zu lassen. Der Trainer kann sein Pferd durch Zusammenwirken von Zügel- und Schenkelhilfen auch zweispurig reiten oder aber auch nur die Hinterhand oder nur die Vorhand bewegen. Mit derartigen Übungen läßt sich der Schenkel- und Zügelgehorsam sehr gut testen und trainieren.

Das Reiten auf zwei Hufschlägen nennt man *Two track*, wobei der Reiter die Hinterhand mit dem äußeren Schenkel auf den zweiten Hufschlag schiebt. Das Pferd läuft dabei in etwa in einem 45-Grad-Winkel seitwärts-vorwärts. Diese Übung kann nur gelingen, wenn das Pferd gut auf die Schenkelhilfen reagiert, da die Seitwärts-/Vorwärtsbewegung für das Pferd eine sehr schwierige Aufgabe ist. Die Vor- und Hinterhand separat zu steuern ist deshalb wichtig, weil in einer Reiningaufgabe Manöver enthalten sind, die erfordern, beispielsweise die Vorhand um die Hinterhand laufen zu lassen. Das geschieht beim *Spin*, der schnellen 360°-Drehung um die Hinterhand.

Viele Reiter versuchen immer wieder, schwierige Manöver zu reiten, die das Pferd noch nicht ausführen kann. So gehen manche bereits an den *Spin* heran, ohne vorher die Kontrolle über die Schulter erreicht zu haben. Sie glauben, während des *Spin*-Trainings die Kontrolle über die Schulter zu bekommen, was aber nicht möglich ist. Die Schulterkontrolle kann ganz einfach nicht über das *Spin*-Training erreicht werden, denn der *Spin* ist nur über die Steuerung der Schulter trainierbar. Immer wenn man versucht, sein Pferd „von hinten aufzuzäumen", wird man in einer Sackgasse landen. Die Rückkehr zu den elementaren Grundübungen wie der korrekten Biegung, aus der die Steuerung erst entwickelt werden kann, ist daher unumgänglich.

Die Bedeutung des Zirkels

Der Zirkel ist ein wesentlicher Bestandteil einer Reining-Prüfung, dient dem Reiter aber auch als Mittel, dem Pferd die richtige Körperposition beizubringen. Zudem läßt sich das Pferd auf dem Zirkel leichter unter Kontrolle halten, da es sich für das Pferd gefühlsmäßig so darstellt, daß es sich auf einer Kreisbahn nicht vom Fleck bewegt. Dies unterbricht den Fluchtinstinkt des Pferdes und verhindert ein unkontrolliertes Davonstürmen. So ist der Zirkel ein hervorragendes Element zur Geschwindigkeitskontrolle, ein sehr wichtiger Faktor für die spätere, bewußt gerittene *Speed control*, die ebenfalls Bestandteil von Reining-Prüfungen ist. Aus dem Zirkel heraus können die unterschiedlichsten Manöver entwickelt werden. Das korrekte Angaloppieren auf dem Zirkel ist beispielsweise Grundlage für den fliegenden Galoppwechsel.

Aus diesen Gründen ist der Zirkel ein sehr wichtiges Trainingselement, welches die Grundlage für fast jedes weitere Manöver darstellt. Dabei muß ein Zirkel nicht immer kreisrund sein. Ein Zirkel kann durchaus auch eine Aneinanderreihung von geraden Linien sein, zum Beispiel ein Viereck oder ein Achteck. Das Reiten eines „vieleckigen" Zirkels kommt dann zum Tragen, wenn die Steuerung des Pferdes verfeinert werden soll, wenn das Tier lernt, auf ein Zügelsignal des äußeren Zügels prompt zu reagieren oder der Zirkel durch den Einsatz der Schenkel verkleinert oder vergrößert wird. Der absolut runde Zirkel dient im Gegensatz dazu, das Pferd auf die Zirkellinie einzustellen, es auf dem Radius des Zirkels zu biegen. Aus der Vogelperspektive betrachtet, soll die Längsachse des Pferdes ein Teilstück des Zirkels sein. Das ist unter korrekter Biegung zu verstehen, die nur mit dem Zirkeltraining erreicht werden kann.

Das Pferd galoppiert auf einem Linkszirkel: Die Biegung des Pferdes entspricht der Biegung des Zirkels.

Voraussetzung für die Vertikalkontrolle mit nachfolgender Versammlung ist eine kompromißlose laterale Kontrolle des Pferdes, die im Training dazu führen kann, daß die Längsachse gebrochen wird, das Pferd also etwa mit extremer Innenstellung auf dem Zirkel geht. Erst wenn es dem einseitigen Zügelzug in jeder Richtung bedingungslos nachgibt, kann man die nächste Stufe verlangen: das Nachgeben in der Vertikalen (= Vertikalkontrolle = Voraussetzung zur Versammlung).

Sobald die Übungen auf der Zirkellinie zur Zufriedenheit des Reiters ablaufen, das Pferd der Hand und den Schenkeln des Reiters kompromißlos nachgibt, kann es auf eine gerade Linie gelenkt werden. Wenn nun das Tier auf der Geraden das Tempo genauso gleichmäßig hält und die Schenkel- und Zügelhilfen des Trainers weiterhin ohne Widersetzlichkeit akzeptiert, ist das Zirkeltraining zu 100 Prozent erfüllt. Gelingt die Akzeptanz der Hilfen und die Geschwindigkeitskontrolle auf der geraden Linie nicht, muß wieder auf eine Zirkellinie eingeschwenkt werden, um das Pferd erneut zu korrigieren.

Ein interessanter Aspekt ist auch, daß beim Reiten von Zirkeln (gleichgültig, wie groß diese Zirkel sind und in welcher Gangart sie geritten werden, vornehmlich aber im Trab) die gleichen Muskelpartien beansprucht werden, die das Pferd benötigt, um den *Spin* auszuführen. Von daher kann man beim Basistraining bereits im Vorfeld die dafür notwendige Muskulatur stärken und den *Turn around* entwickeln, ohne das Pferd physisch zu überfordern.

Der Galopp

Gerade für ein Reiningpferd ist der Galopp die wichtigste Gangart, schon allein deshalb, weil die Westerndressur-Prüfung ausschließlich im Galopp geritten wird. Ein Pferd zu galoppieren heißt nicht, es einfach zu einer schnelleren Gangart anzutreiben; es muß dem Pferd auch mitgeteilt werden, ob es im Links- oder Rechtsgalopp anzuspringen hat. Dies unterscheidet den Galopp von den Gangarten Schritt und Trab, bei denen es keine linke oder rechte Hand gibt. Darum ist eine exakte Hilfengebung sehr wichtig, die dem Pferd unmißverständlich klar macht, welcher Galopp gefordert ist. Eine unklare Hilfe kann nicht nur zum Außengalopp, sondern in selteneren Fällen auch zum Kreuzgalopp führen, bei dem die Vorhand beispielsweise im Rechtsgalopp, die Hinterhand dagegen im Linksgalopp läuft.

Für den fortgeschrittenen Reiter, der sein Pferd in Reining-Prüfungen vorstellen will, muß es eine Selbstverständlichkeit sein, sein Pferd auf der richtigen Hand angaloppieren zu können sowie den Außen- und Kreuzgalopp sofort – ohne daß er zuvor auf die Pferdebeine hinabsehen muß – zu erfühlen, damit eine unverzügliche Korrektur möglich ist. Hat der Reiter jedoch Probleme, die Galoppart vom Sattel aus unmißverständlich zu identifizieren, ist er in den meisten Fällen auch kaum in der Lage, die korrekten Hilfen für den gewünschten Galopp zu geben, und ganz sicherlich nicht in der Lage, ein Reiningpferd überhaupt zu trainieren. Das würde noch viele Übungsstunden im Sattel eines ausgebildeten Pferdes erfordern.

Viele Pferde gehen auf dem Zirkel beziehungsweise auf einer Kreislinie selbständig in den korrekten Galopp, weil einem Pferd beispielsweise der Linksgalopp auf dem linken Zirkel angenehmer ist als der Außengalopp. Schon aus diesem Grund bietet sich wiederum der Zirkel an, das Angaloppieren auf der richtigen Hand zu trainieren. Später wird es genauso wichtig, das Pferd ebenso auf einer Geraden sicher angaloppieren zu können.

Die Gangart Galopp muß nicht unbedingt die schnellste sein, die ein Pferd anzubieten hat. Ein schwungvoller Trab kann von der Geschwindigkeit her durchaus schneller sein als ein verhaltener Galopp. Das läßt schon erkennen, daß die Galopphilfen nicht daraus bestehen können, das Pferd einfach nur anzutreiben. Es ist notwendig, das Pferd aus jeder Gangart, sogar aus dem Stand heraus angaloppieren zu können. Man muß also dem Pferd die Hilfen dafür vermitteln, die Galoppbewegung auszuführen, und nicht einfach nur schneller zu werden. Hinzu kommt die Tatsache, daß es zwischen Rechts- und Linksgalopp zu unterscheiden gilt. Die korrekte Stellung gehört dabei zur Voraussetzung, die eigentliche Galopphilfe effektiv einzusetzen.

Die Außenstellung unterstützt die Einwirkung des äußeren Schenkels, der die Hüfte nach innen schiebt und damit das Angaloppieren auf der richtigen Hand ermöglicht.

Die Stellung des Pferdes

Über die korrekte Stellung des Pferdes gehen die Meinungen oft auseinander. Vor allem über die Stellung des Pferdekopfes wird viel diskutiert. Manche stellen den Kopf des Pferdes nach innen, andere wieder nach außen. Hier muß man auf jeden Fall differenzieren und den Ausbildungsstand des Pferdes in Betracht ziehen. Für ein relativ unerfahrenes und noch nicht voll durchgymnastiziertes Pferd ist es im Normalfall leichter, richtig anzugaloppieren, wenn der Kopf nach außen gestellt ist. Dies resultiert daraus, daß dabei die innere Schulter frei wird, wodurch die innere Vorhand leichter vorgreifen kann. Das Pferd fällt quasi über die Schulter in den richtigen Galopp. Auch im freien Galopp auf der Weide sieht man häufig, daß das Pferd beim Galoppieren den Kopf „nach außen" wirft. In Kurven läßt sich dieses Verhalten genauso beobachten.

Dies ist der Weg des geringsten Widerstands, jedoch fällt das Pferd dabei aus dem Gleichgewicht, es ist mit seiner Längsachse nicht mehr auf der vorgeschriebenen Bahn, weder auf dem Zirkel noch auf der Geraden. Eine weitere Gefahr ist, daß das Pferd in den Kreuzgalopp fällt, wenn die Hinterhand nicht entgegen der Kopfrichtung herübergedrückt wird. Auf diese Weise anzugaloppieren bedeutet im Grund nur, die Vorhand zu animieren, korrekt anzuspringen. Die Hinterhand hängt nach, das Pferd „fällt auseinander". Es ist außerhalb der korrekten Position und damit nicht mehr unter vollständiger Kontrolle. Das Gewicht wird hauptsächlich auf die Vorhand verlagert – so wie es auch in freier Natur der Fall ist, was beim Herumtollen der Pferde auf der Weide zu beobachten ist. Das Pferd muß sich aber mit dem zusätzlichen Reitergewicht anders ausbalancieren, um seine Vorhand zu schonen. Wie bereits erklärt, ist es erforderlich, daß nun das Hauptgewicht von der Hinterhand getragen wird. Aus diesem Grund wurde das Pferd im Zirkeltraining mit richtiger Biegung eingestellt und dabei

Die ideale Position des Reiningpferdes auf dem Zirkel

entsprechend gymnastiziert. Diese Körperposition darf aber beim Angaloppieren nicht verlorengehen, will man das Pferd auf der Hinterhand und unter ständiger Kontrolle haben. Korrektes Angaloppieren auf dem Zirkel geschieht darum immer mit der Kopfstellung nach innen – auf der Zirkellinie.

Manche junge und noch unausgebildete Pferde werden so zwar oftmals mehr Schwierigkeiten haben, richtig anzugaloppieren, nicht jedoch, wenn das Pferd das Zirkeltraining durchlaufen hat, gut „eingespurt“ und gymnastiziert wurde. Hier wird wieder deutlich, wie wichtig das Zirkeltraining mit seiner korrekten Biegung ist. Bis die jungen Pferde aber entsprechend gymnastiziert sind, will und kann man auch nicht auf den Galopp verzichten. Trotzdem muß das junge Tier nun auf der richtigen Hand galoppieren. Bis das Pferd soweit ist, um in der richtigen Stellung angaloppiert zu werden, macht man sich den sogenannten „Bretteffekt“ zunutze.

Ein noch nicht entsprechend gymnastiziertes Pferd ist im gesamten Körper noch relativ steif, das heißt, man kann sich das Pferd als Brett vorstellen. Geht nun das Vorderteil dieses Bretts nach links, muß das hintere Teil automatisch nach rechts gehen, weil sich ein Brett nun einmal nicht biegen kann. In diesem Ausnahmefall wird das Pferd nach außen gestellt, um so diejenige Hüfte nach innen zu bekommen, die dafür garantiert, daß das Pferd im richtigen Galopp anspringt. Mit zunehmender Gymnastizierung und Schenkelakzeptanz wird das Pferd nun mehr und mehr nach innen gestellt, um letztendlich in idealer Position den Galopp aufnehmen zu können.

Korrekte Hilfengebung

Die Stellung für das richtige Angaloppieren ist ein wesentlicher Bestandteil des Trainings. Eine längere Übungsphase ist im Vorfeld notwendig, um das Pferd auf die Zirkellinie einzustellen. Angenommen, das Pferd wird auf einem Linkszirkel geritten und soll somit auf der linken Hand angaloppieren, so ist das Pferd mit dem Kopf leicht nach innen gestellt. Hierfür wird der linke Zügel etwas angenommen, damit die Nase nachgibt und das innere Auge des Pferdes sichtbar wird. Das Annehmen des Zügels geschieht in gerader Linie nach hinten, etwa in Richtung Sattelhorn, so daß der Zügel den Hals des Pferdes leicht berührt. Damit erreicht man, daß das Pferd die Schulter senkrecht behält und nicht über die Schulter in den Zirkel hereinfällt. Sind Kopf, Hals und Schulter passend gestellt, muß das Pferd dazu gebracht werden, nicht mit der Vorhand, sondern mit der Hinterhand zuerst im richtigen Galopp anzuspringen. Der Galopp muß aus der Hinterhand heraus geritten werden, weil die Schubkraft von hinten kommt und das Gewicht hauptsächlich mit der Hinterhand getragen werden soll. Wenn die Hinterhand korrekt anspringt, folgt die Vorhand automatisch im richtigen Galopp. Springt das Pferd dagegen vorne zuerst richtig an, muß die Hinterhand noch lange nicht im Galopp auf derselben Hand folgen.

Um schließlich die versammelte Haltung des Pferdes zu gewährleisten, ist der Schub von hinten nach vorne notwendig. Darum sind die Schenkelhilfen ein sehr wichtiger Bestandteil der Galopphilfen. Der äußere Schenkel wird hierzu zwei Handbreit hinter den Gurt gelegt und drückt die Hüfte des Pferdes nach innen. Das Pferd muß dabei den Schenkel gut akzeptieren, denn nur wenn man die Hüfte unter Kontrolle hat, kann das Pferd korrekt anspringen. Wenn nun die Hüfte nach innen geschoben ist, wird das Pferd auf den Druck des äußeren Schenkels hin im Linksgalopp anspringen.

Um es noch einmal zu verdeutlichen: Man sollte immer zuerst darauf achten, daß die Hinterhand richtig angaloppiert. Das ist nur möglich, wenn das Pferd den Schenkel gut akzeptiert und auf Druck des äußeren Schenkels die Hüfte nach innen schiebt. Auf die Vorhand braucht der Reiter in der Regel dann keine Rücksicht mehr zu nehmen, weil diese automatisch richtig anspringen muß. Damit erübrigt sich die Diskussion um die Stellung des Kopfes, da sie zum einen mit dieser Erklärung im Grunde zweitrangig ist und zum anderen sowieso nie von der Zirkellinie abweichen sollte.

Der richtige Galopp ist also im wesentlichen eine Frage der Akzeptanz des äußeren Schenkels. Ist die Hüfte in der richtigen Position, kann eigentlich nichts mehr schief gehen. Beim Menschen verhält es sich genauso: Wenn die linke Hüfte vorgeht, schwingt auch das linke Bein nach vorne und umgekehrt. Genauso geht beim Pferd das linke Hinterbein vor, wenn die Hüfte nach links geschoben wird.

In fortgeschrittenem Training erfolgt das Angaloppieren auch auf der Geraden. Will man links angaloppieren, kann man die Nase des Pferdes leicht nach links stellen. Wichtiger ist aber, daß man mit dem äußeren, in diesem Fall rechten Schenkel die Hüfte nach links schiebt, damit der Linksgalopp zustande kommt. Die Schulter des Pferdes sollte sich dabei etwas heben und senkrecht bleiben. Hierfür kann man die innere Zügelhand etwas nach oben nehmen. Bleibt die Schulter nicht zwischen den Zügeln, sondern fällt beispielsweise auf die linke Seite, schiebt sich die Hüfte des Pferdes automatisch in die entgegengesetzte Richtung nach rechts, so daß richtiges Angaloppieren auf der linken Hand schwierig wird. Eher wird das Pferd nun mit der Hinterhand rechts anspringen. Der äußere Schenkel wird sich in diesem Fall nur noch schwer durchsetzen können. Darum gilt es, nicht nur auf die Akzeptanz des äußeren Schenkels zu achten, sondern ebenfalls auf eine korrekte Körperposition des Pferdes – vom Genick bis zum Schweifansatz.

Das Angaloppieren muß nicht zwingend etwas mit der Richtung zu tun haben. Wenn man im Rechtsgalopp angaloppiert, muß es genauso möglich sein, auf einen Linkszirkel zu gehen. Wenn man zuvor auf einer Geraden rechter Hand angaloppiert ist, kann man mit einem gut trainierten Pferd auch jederzeit auf einen Linkszirkel gehen, ohne den Galopp zu wechseln. Damit wird vermieden, daß das Pferd lernt, sich zum einen an die Bande anzulehnen und zum anderen eine bestimmte Richtung mit dem entsprechenden Galopp in Zusammenhang zu bringen. Dies ist auch wichtig für den später ins Trainingsprogramm aufzunehmenden Galoppwechsel.

Kreuz- und Außengalopp

Da es bei den Pferden genauso Links- oder Rechtshänder gibt wie bei den Menschen, kann es vorkommen, daß ein Pferd nur auf einer Hand im Galopp anspringt, wenn bei der Ausbildung des Pferdes die gleichmäßige Gymnastizierung auf beiden Seiten vernachlässigt wurde. Häufig läßt sich dies bei Pferden beobachten, die ausschließlich im Gelände geritten wurden, wobei der Reiter keinen Wert darauf legte, daß das Pferd regelmäßig die Galopphand wechselte. Dies geschieht vielfach aus reiner Bequemlichkeit des Reiters, und da Pferde grundsätzlich immer den Weg des geringsten Widerstands gehen, galoppieren sie vornehmlich auf der Hand, die ihnen angenehmer ist. Damit werden die Pferde extrem einseitig, so daß es auch in der Reitbahn auf dem Zirkel sehr schwierig ist, sie korrekt anzugaloppieren. Solche Pferde kann man im Außengalopp sogar auf einem relativ kleinen Zirkel reiten, ohne daß sie es als unangenehm empfinden, weil sie es anders nicht gewohnt sind.

Junge und noch unausgebildete Pferde aber, die Schwierigkeiten haben, auf einer bestimmten Seite anzugaloppieren, haben eine angeborene extreme Einseitigkeit. In

The Hollywood Man *befindet sich auf einem Linkszirkel im Rechtsgalopp. Der linke Schenkel hält die Hüfte nach rechts, und die rechte Hand hält die Schulter hoch, um das Pferd am Umspringen zu hindern.*

beiden Fällen – bei der angeborenen wie der „antrainierten“ Einseitigkeit – muß viel Vorarbeit geleistet werden, um eine Gleichmäßigkeit zu erreichen. Diese Vorarbeit besteht aus einem langwierigen Biegetraining. Erst wenn das Pferd auf beiden Seiten gleichmäßig gymnastiziert ist, wird es ohne Probleme links und rechts angaloppieren.

Ein weiterer Grund für den Außengalopp kann sein, daß das Pferd den äußeren Schenkel nicht akzeptiert. Wenn der Reiter nun den äußeren Schenkel anlegt und Druck ausübt, drückt das Pferd dagegen und schiebt seine Hüfte gegen den Schenkeldruck nach außen anstatt dem Schenkel folgend nach innen. Somit ist der Außengalopp vorprogrammiert. Man darf deshalb den Schenkel nicht zu früh vom Pferd wegnehmen, sondern muß mit dem Schenkel so lange am Pferd bleiben, bis das Pferd im Galopp ist. Auf diese Weise hat das Pferd keine Gelegenheit, die Hüfte wieder nach außen zu schieben und gegebenenfalls im Außengalopp anzugaloppieren.

Der Kreuzgalopp kommt beim Angaloppieren nur sehr selten vor. Hauptsächlich kommt er beim fliegenden Galoppwechsel zustande, wenn das Pferd zwar mit der Vorhand wechselt, nicht aber mit der Hinterhand. Pferde, die relativ steif sind, eine steile Hinterhand und eine waagrechte Kruppe haben (verhältnismäßig häufig beim Araber zu beobachten), laufen öfter im Kreuzgalopp als Pferde, die geschmeidig sind und sich gut biegen können. Kreuzgalopp entsteht vielfach auch dann, wenn das Pferd verspannt und nervös ist.

Anhalten

Ein guter Stop ist für ein Reiningpferd ein sehr wichtiges Element, um letztendlich in einer Prüfung auf den vorderen Plätzen zu landen. Der Stop ist praktisch das Markenzeichen einer jeden Reining-Prüfung und verlangt schon deshalb während des Trainings große Aufmerksamkeit. Bevor nun versucht wird, einen möglichst spektakulären Stop „aufs Parkett" zu legen, muß die Basis stimmen. Das bedeutet, daß sowohl das Pferd bestimmte Fähigkeiten mitbringen muß, als auch, daß der Reiter die Vorbereitungsphase konsequent durchzieht, um eine solide Grundlage für den späteren *Sliding stop* zu schaffen. Das Pferd wird darum noch nicht gestoppt, sondern lediglich angehalten. Priorität hat dabei die Akzeptanz gegenüber den Reiterhilfen und eine mentale Bereitschaft des Pferdes, anhalten zu wollen.

Das Talent

Ein Pferd, das ein guter Stopper werden soll, muß hierzu unbedingt das entsprechende Talent mitbringen. Ohne dieses Talent wird es über ein bestimmtes Mittelmaß nicht hinauskommen. Das Talent wird in diesem Fall so definiert, daß bestimmte körperliche Voraussetzungen vorhanden sein müssen sowie die mentale Bereitschaft des Pferdes, stoppen oder anhalten zu wollen. Es gibt allerdings Pferde, die von den physischen Fähigkeiten her zwar passabel, aber nicht unbedingt optimal geeignet sind, gut zu stoppen, trotzdem aber aufgrund ihrer Willenskraft und ihres Ehrgeizes hervorragende Stopper werden.

Die Praxis hat gezeigt, daß aus bestimmten Blutlinien nicht alle Individuen vom Körperlichen her unbedingt prädestiniert sind, besonders gut zu stoppen. Dennoch bringen sie exzellente Stopper hervor. In der modernen Reiningzucht sind zum Beispiel einzelne Vertreter der *Topsail Cody's*- oder Pferde der *Hollywood Jac*-Linie von der Hinterhand her nicht gerade so ausgestattet, daß man sagen könnte, sie könnten überall glänzend stoppen. Aber diese Pferde sind willens, sich entsprechend trainieren zu lassen. Gerade die *Hollywood Jac*-Pferde sind darum auch als phänomenale Stopper bekannt.

Ein williges Pferd kann mit seiner positiven Mentalität sogar bedeutende Gebäudemängel wieder wettmachen und ein guter Stopper werden. Um wirklich überragende Stops ausführen zu können, muß ein Pferd also nicht unbedingt eine enorme Hinterhand haben, sondern vielmehr eine ausgeglichene und angemessene Bemuskelung, eine entsprechende Winkelung der Gelenke und vor allem eine gehörige Portion Grips.

Der Stop ist kein Manöver, das mit Gewalt erzwungen werden kann. Es ist unmöglich, ein Pferd zu einem guten Stop zu zwingen. Ein heftiger Zug am Zügel würde niemals die Hinterhand unter den Körper bringen und eine gute Position des Pferdes ermöglichen, was aber zu einem ausgeglichenen Stop notwendig ist. Zu harter Zügeleinsatz würde vielmehr das Pferd dazu veranlassen, sich zu wehren, den Kopf hochzuwerfen, das Maul aufzusperren und die Beine steif zu machen. Es würde auf die Vorhand fallen und bestenfalls „bockend" zum Halten kommen. Ein Pferd muß also die Bereitschaft mitbringen, wirklich stoppen zu wollen. Es muß Spaß am Bewegungsablauf finden und willig auf die Signale des Reiters reagieren, nur dann hat der Reiter die notwendigen Voraussetzungen, mit einem Pferd den Stop aus hohem Tempo zu trainieren. Keine besondere Mechanik oder das Einwirken mit Kraft kann zu einem guten Stop führen, sondern die mentale Bereitschaft beim Pferd sowie bestimmte körperliche Grundvoraussetzungen und beim Reiter Einfühlungsvermögen, Koordinationsbereitschaft und die Fähigkeit, das Stop-Training richtig aufzubauen.

Im Prinzip bringen fast alle Pferde die Bereitschaft mit, sich dem Willen des Reiters unterzuordnen. Findet ein Pferd allerdings zusätzlich Spaß am Bewegungsablauf des Stops, liebt es wie sein Reiter die Action, die den spektakulären Reiningmanövern zugrunde liegt, kann sich aus dem Pferd ein überdurchschnittlicher Stopper entwickeln. Dagegen hat durch Zwang noch kein Pferd gelernt, spektakulär zu stoppen. Die Basis für phänomenale Stops wird also schon bei der Auswahl des Pferdes gelegt.

Auf der anderen Seite muß man dem Pferd aber auch klar machen, daß es sich im Falle einer Verweigerung wünschen würde, es hätte gestoppt. Dies ist im wesentlichen das psychologische Prinzip, das hinter der Ausbildung für den *Sliding stop* steht.

Die Vorbereitung und Ausführung

Bevor man an den Stop herangeht, muß man in der Lage sein, das Tempo seines Pferdes zu regulieren. Es hieße, das Pferd von hinten aufzuzäumen, würde man davon ausgehen, ein Pferd das Stoppen oder Anhalten lehren zu können, bevor man das Tier zuverlässig aus einer höheren Geschwindigkeit heraus verlangsamen kann. Dieses Verlangsamen geht mit der Akzeptanz der Schenkelhilfen einher. Um es noch einmal in Erinnerung zu rufen: Das Prinzip der Schenkelhilfen funktioniert so, daß das Pferd das Tempo auf Druck forciert und langsamer wird, sobald der Druck nachläßt. Genauso würde man beim Autofahren das Gaspedal durchdrücken, wenn das Tempo gesteigert werden soll. Will man dagegen die Geschwindigkeit drosseln, nimmt man den Fuß vom Gaspedal. Diese Kontrolle der Geschwindigkeit muß sich durch alle Gangarten ziehen, sei es im Schritt, im Trab oder im Galopp.

Dies ist die Voraussetzung, um das Anhalten einleiten zu können. Zuerst wird das konsequente Anhalten aus einem schnellen Schritt heraus geübt, da der Bewegungsablauf langsamer vor sich geht und darum kontrollierter ablaufen kann. Grundsätzlich wird das Pferd vor jedem Stop – gleich aus welcher Gangart – mit treibenden Hilfen aufgefordert, die Hinterhand unter sich zu bringen, denn ohne untergesetzte Hinterhand wird kein Pferd korrekt stoppen können. Zudem soll das Pferd im Maul nachgeben, sobald es mit den Schenkeln gegen das Gebiß getrieben wird, wozu man die Zügel vorher etwas aufgenommen hat. Das Pferd senkt dabei zusätzlich den Hals etwas ab.

Um nun das Anhalten einzuleiten, wird der Schenkelkontakt – gerade noch treibend – gelöst. Dies ist für das Pferd ein sicheres Signal, langsamer zu werden. Zusätzlich friert man die rhythmische Bewegung der Gangart ein, in der sich das

Das Pferd wird mit leicht nach vorne gebeugtem Oberkörper und beidseitigem Schenkeldruck nach vorne getrieben.

Zum Stoppen friert man die Bewegung ein und nimmt die Schenkel deutlich vom Pferd weg, wirkt dabei aber kaum mit dem Zügel ein.

Pferd gerade befindet, das heißt, man hört praktisch auf zu reiten. Jede Gangart gibt dem Reiter einen bestimmten Rhythmus vor, den er in dem Augenblick unterbricht, in dem er anhalten möchte. In der konventionellen Reitweise wird diese Hilfe als Gegensitzen bezeichnet. Der Reiter sitzt dabei gegen die Bewegung, die das Pferd vorgibt. Mit dem Gegensitzen und dem gleichzeitigen Wegnehmen der Schenkel kommt man automatisch tiefer im Sattel zu sitzen. Der Bewegungsrhythmus wird blockiert, und das Pferd stoppt ab.

Die Kombination der Schenkel- und Zügelhilfen gewährleistet eine gute Ausgangsposition des Pferdes, die es auf die Hinterhand bringt und dazu befähigt, das gesamte Gewicht auf den Hinterbeinen auszubalancieren. In welcher Dynamik das Pferd nun den Stop ausführt beziehungsweise wie weit es die Hinterbeine unter den Körper schiebt, ist eine Frage des Talents. Hier kommt hauptsächlich zum Tragen, inwieweit das Pferd gewillt ist anzuhalten.

Der Stop ist ein Manöver, das sich mit zunehmendem Training weiterentwickelt. Es ist niemals durch Gewalteinwirkung in Form von scharfen Gebissen oder übermäßigem Einsatz der Hilfen zu forcieren. Man muß sich immer vor Augen halten, daß der Stop kein Manöver ist, das in seinem korrekten Bewegungsablauf erzwungen werden kann. Ein langsamer Aufbau des Bewegungsablaufs wird dem Pferd die Aufgabe erleichtern und den Willen zum

Stoppen fördern. Darum sollte das konsequente Anhalten zuvor aus dem Schritt und lange Zeit aus dem Trab geübt werden, bevor man zum Stoppen aus dem Galopp übergeht.

Eine große Unterstützung ist auch das stimmliche Kommando „*Whoa*“, das gerade bei jungen Pferden besonders hilfreich ist. Mit dem Kommando „*Whoa*“ sollte das Pferd bedingungsloses Stillstehen in Verbindung bringen. Es ist angebracht, dem Pferd dieses Kommando schon in der Grundausbildung regelrecht einzuimpfen. Nachdem der professionelle Pferdetrainer stets nach der sogenannten „150-Prozent-Klausel“ verfährt, was heißt, daß der Reiter beim Training zu Hause immer 150 Prozent Leistung erreichen will, damit bei der Show dann eventuell 100 Prozent herauskommen, muß das Kommando „*Whoa*“ ein Befehl sein, der beim Pferd nicht nur den Gedanken an das Anhalten auslöst, sondern das Tier sogar ans Rückwärtsrichten denken läßt. So kann man das Kommando „*Whoa*“ auch bei Übungen anwenden, bei denen extremes Untersetzen der Hinterhand verlangt wird, und natürlich beim Anhalten selbst. Das Pferd nach dem Anhalten tatsächlich einige Schritte rückwärtszurichten hilft außerdem, das Wort „*Whoa*“ mit dem Gedanken „rückwärts“ in Verbindung zu bringen. Ob sich das Pferd in Wirklichkeit dann tatsächlich in die Rückwärtsbewegung begibt, steht auf einem anderen Blatt. Tatsache aber ist, daß der Gedanke an „rückwärts“ stets die Hinterhand unter das Pferd bringt, was beim Stoppen, aber auch bei Wendungen und Drehungen absolut notwendig ist. Das konsequente Unterschieben der Hinterhand ist auch der Anfang für den *Sliding stop*.

Wie schon erwähnt, kann man kein Pferd zwingen, entsprechend dynamisch zu stoppen. Trotzdem muß es der Reiter nicht dulden, wenn das Pferd seine Hilfen ignoriert und sich womöglich überhaupt keine Mühe gibt, dem Willen seines Reiters auch nur annähernd nachzukommen. In solch einem Fall kann man aber nach dem Anhalten dafür sorgen, daß das Pferd sich wünscht, es hätte gestoppt. Dies wird damit erreicht, daß man das Pferd abrupt und schnell mit stärkerer als sonst üblicher Schenkel- und Zügelhilfe rückwärtsrichtet und dabei mehrmals das stimmliche Kommando „*Whoa*“ gibt. Die verstärkte Einwirkung führt dazu, daß das Pferd seine Hinterhand gezwungenermaßen stark untersetzt und dies mit dem Kommando „*Whoa*“ verbindet.

In diesem Ausbildungsstadium registrieren die Pferde auch durchaus, daß das plötzliche und durchgreifende Rückwärtsrichten eine Konsequenz des Nichtbefolgens der Hilfe zum Anhalten ist. Dennoch darf das Rückwärtsrichten nicht als Strafe eingesetzt werden, da man dieses Manöver damit dem Pferd unter Umständen unleidlich macht. Es stellt lediglich eine disziplinierende, konsequente Übung dar, die das Pferd daran erinnert, die Hinterhand unter sich zu bringen, wenn es das Kommando „*Whoa*“ hört. Das Pferd soll immer aufmerksam auf die Hilfen des Reiters lauschen und sich Mühe geben, nach seinen Möglichkeiten die Wünsche seines Trainers zu erfüllen.

Fehler und ihre Folgen

Wenn ein Pferd eine gute Veranlagung hat und im Training kontinuierlich Fortschritte macht, verleitet dies den Reiter schnell dazu, zu früh zuviel zu verlangen. Da möchte man dann schon mal probieren, wie weit das Pferd sliden oder wie tief es die Kruppe absenken kann. Oft wird auch das Pferd zu früh aufs Turnier geschickt, wobei schließlich Höchstleistungen erwartet werden. In der Prüfung soll das Pferd natürlich zeigen, was es schon kann. Also wird der Stop aus höchster Geschwindigkeit verlangt, eine Leistung, der das Pferd aber noch nicht gewachsen ist, da das Stoppen aus höchster Geschwindigkeit, also der *Sliding stop*, im Training noch nicht integriert ist. Wie schon gesagt: Erst wenn im Training ein Potential von 150 Prozent erreicht wird, kann auf dem Turnier eine 100prozentige Leistung erwartet werden. Wird das Pferd aber erst an den Stop herangeführt, bringt es auch im Training vielleicht erst 70 Prozent seines späteren Leistungsvermögens; man darf auf dem Turnier also bestenfalls 50 Prozent erwarten. Es soll aber 100 Prozent erreichen, was dann einer Überforderung gleichkommt.

Das Pferd im Stop-Training zu überfordern heißt beispielsweise zu erwarten, daß das Pferd zu früh aus hoher Geschwindigkeit stoppt. Das Pferd muß aber für den Vorgang des Slidens erst eine gewisse Sicherheit gewinnen. Wird das Pferd zu früh aus hohem Tempo gestoppt, so wird es auf den Hinterbeinen nicht rutschen, sondern wegrutschen, was ihm sehr unangenehm ist. Als Folge davon wird das Pferd entweder versuchen, sich im *Run down* zu entziehen, indem es davonstürmt, oder aber mit der Hinterhand nicht im Boden bleibt und eher hopsend zum Stehen kommt, weil es versucht, die Hinterhand möglichst schnell aus dem Boden zu bekommen, um das Gleichgewicht nicht zu verlieren.

Wie bei allen anderen Manövern muß man sich über folgendes im klaren sein: Wäre man in der Lage, jeden Tag nur ein Prozent im Trainingsfortschritt zu erreichen, müßte man in 100 Tagen auch 100 Prozent erlangen. Demzufolge würde die Ausbildung eines Pferdes nur 100 Tage dauern. Es beansprucht aber eine wesentlich längere Zeit, bis ein Pferd fertig ausgebildet ist. Darum ist es für alle Manöver – insbesondere aber für den Stop – entscheidend, sich und dem Pferd entsprechend Zeit zu lassen.

Es gibt Pferde, die nach dem Stoppen einige Schritte nach vorne weglaufen, also quasi „austrudeln". Dies versuchen viele Reiter zu verhindern, indem sie am Zügel ziehen. Auch ohne daß das Pferd aus dem Stop herausläuft, ziehen manche Reiter am Zügel, um das Pferd zu stoppen. Dabei spielt fehlendes Vertrauen nicht selten eine Rolle. Doch wie schon erwähnt, kann ein Pferd nie gezwungen werden zu stoppen, deshalb kann diese Methode nicht funktionieren. Das Pferd wird auch versuchen, den Stop zu vermeiden, weil es damit Unangenehmes verbindet. Um einem Austrudeln nach dem Stop vorzubeugen, gewöhnt man sich am besten an, das Pferd sofort nach dem Stop rückwärtszurichten. Wenn das Pferd nicht konsequent zum Stillstand kommt, ist dies immer ein Zeichen dafür, daß es das Kommando „*Whoa*" nicht mit „Rückwärtsdenken" verbindet.

Ein Pferd muß nicht zwingend am langen oder losen Zügel stoppen. Man kann für den Stop durchaus die Zügel aufnehmen und einen Kontakt zum Pferdemaul herstellen, denn es gibt auch Pferde, die sich beim Stoppen am Gebiß ausbalancieren. Trotzdem stoppt das Pferd aus eigenem Vermögen heraus und quittiert das Annehmen des Zügels selbstverständlich damit, daß es im Maul nachgibt (dies aber nur, wenn das Annehmen des Zügels nicht mit einem Ziehen verwechselt wird). Es ist von Pferd zu Pferd unterschiedlich, ob es am losen Zügel einen *Sliding stop* ausführen kann oder ob die Zügel für die Aufforderung zum Stop kurz angenommen werden müssen. Andere Pferde wiederum stoppen allein auf das Kommando „*Whoa*" und müssen erst zum Ende des Stops mit dem Zügel unterstützt werden. Wie willig und weich das Pferd dieses Manöver gelernt hat, ist letztendlich entscheidend dafür, wie es dieses ausführt.

Der Stop muß für das Pferd mit etwas Angenehmem verbunden sein, damit es gerne stoppt und vor diesem Manöver keine Angst bekommt. Eine gute Vorgehensweise ist dabei, das Pferd nach dem Stoppen eine Weile stehenzulassen. Die

Man sollte dem Pferd nach einem gelungenen Manöver eine Pause gönnen, bei der es sich entspannen kann.

Pause, in der das Pferd Luft holen und verschnaufen kann, empfindet das Tier als etwas Angenehmes und wird darum bemüht sein, gut zu stoppen. Talentierte Pferde, die ruhig und langsam an den Stop herangeführt wurden, entwickeln eine regelrechte Begeisterung für dieses Manöver. Solche Pferde können zu phänomenalen Stoppern werden, wenn der Reiter seinem Vierbeiner den Spaß an der Sache nicht durch Ungeduld, übertriebenen Ehrgeiz oder möglicherweise auch reiterliches Unvermögen verdirbt.

Ein weiterer Fehler, der dem Pferd den Stop vermiesen kann, ist das Stoppen auf ungeeignetem Boden. Manche Reiter sind der irrigen Meinung, auf einem rutschigen Boden könne das Pferd besser sliden. Natürlich rutscht das Pferd beispielsweise auf nassem Grasboden besser als auf Sand, doch es „slidet" dabei nicht im eigentlichen Sinne, sondern rutscht aus. Wenn ein Pferd ausrutscht, schlittert es unkontrolliert über den Boden, das heißt wiederum, daß das Pferd sich dabei unsicher fühlt, die Balance verliert und Angst bekommt hinzufallen.

Diese Gefahr besteht tatsächlich. Führt der Reiter sein Pferd sozusagen aufs Glatteis, wird das Pferd kein großes Vertrauen mehr in seinen Trainer setzen und versuchen, den Stop zu vermeiden. Ähnlich verhält es sich damit, den Stop auf zu tiefem Boden zu verlangen, in dem das Pferd „stecken" bleibt und sich möglicherweise verletzen kann.

Zu guter Letzt darf man nicht erwarten, daß das Pferd spektakulär anhalten kann, ohne daß es dafür einen entsprechenden Beschlag hat. Man muß stets wissen, unter welchen Bedingungen man wieviel von einem Pferd erwarten und verlangen kann.

Rückwärtsrichten

Im natürlichen Bewegungsablauf eines Pferdes ist das Rückwärtsgehen bis auf wenige Ausnahmen nicht enthalten, so daß der Reiter nun von seinem Pferd etwas einigermaßen Unnatürliches verlangt, was dem Pferd zunächst widerstrebt.

Dies macht die Sache für das Pferd (aber auch für den Reiter) nicht gerade leicht, doch bringt das Rückwärtsrichten für viele andere Übungen Vorteile; so zum Beispiel ist die Rückwärtsbewegung mit dem Stop eng verbunden.

Wichtig ist das Training des Rückwärtsrichtens nicht zuletzt deshalb, weil es in der Reining-Prüfung, aber auch in anderen Westernreitdisziplinen wie im Trail, der Western Horsemanship oder in der Vielseitigkeitsprüfung verlangt wird.

Durch das Treiben gegen die verhaltende Hand wird das Pferd dazu veranlaßt, flüssig rückwärtszutreten.

Bei Widersetzlichkeit?

Es kann vorkommen, daß ein Pferd in freier Natur beim Kampf um die Vormachtstellung innerhalb einer Herde einige Schritte zurückweicht, bevor es sich geschlagen gibt und das Feld räumt. Obwohl das Pferd in der Regel ansonsten nicht rückwärtsgeht, die Bewegung also im allgemeinen nicht als „natürlich“ angesehen werden kann, ist die Bewegungsmechanik vorhanden, das heißt, jedes Pferd kann mehr oder weniger gut rückwärtsgehen. Es ist demnach eine Aufgabe, die jedes Pferd lösen kann, es wird nichts Unmögliches verlangt.

Gerade weil das Zurückweichen und Abdrehen des Pferdes – sei es nun seitwärts oder rückwärts – eine Unterlegenheitsgeste bedeutet, machen sich viele Reiter die Rückwärtsbewegung insofern zunutze, als sie das Rückwärtstreten verlangen, wenn das Pferd nachgeben, sich also fügen soll. So gesehen wird das Rückwärtsrichten oftmals als Strafmittel eingesetzt, weil es für das Pferd mitunter auch aufgrund des

unnatürlichen Bewegungsablaufs unangenehm ist rückwärtszugehen. Unbequem ist die Rückwärtsbewegung zudem, weil das Pferd nicht sieht, wohin es tritt. Darum erfordert das Rückwärtsrichten viel Vertrauen des Pferdes zu seinem Trainer. Und genau dies ist der Grund, warum sich das Rückwärtsrichten nicht als Strafmittel eignet.

Sobald das Pferd wegen einer Ungehorsamkeit bestraft werden soll und deshalb zurücktreten muß, wird das Vertrauen in den Reiter erschüttert, und die Übung stellt für das Pferd etwas Unangenehmes dar. Damit wird das Pferd niemals gerne rückwärtsgehen, sondern sich immer dagegen zu wehren versuchen. Gerade aber weil das Rückwärtsrichten ein unnatürlicher und damit ein unbequemer Bewegungsablauf ist, muß es dem Pferd angenehm gemacht werden, um sein Vertrauen zu fördern und das Ziel, ein flottes und rhythmisches Rückwärtstreten, zu erreichen.

Das Pferd muß sich in jedem Manöver wohl fühlen, damit es jede Übung gerne ausführt, darf nie Angst davor haben oder Unbehagen spüren. Sobald eine Übung aber als Strafmittel eingesetzt wird, muß sie dem Pferd weh tun oder zumindest unangenehm sein, damit es sie als Strafe empfindet.

Unbehagen wird das Pferd dann verspüren, wenn es gezwungen wird, auf eine am Training gemessen zu schnelle Weise rückwärtszugehen, und dies durch zwingenden und damit schmerzhaften Zügelzug erreicht wird. Wie soll solch ein Pferd jemals Spaß an der Rückwärtsbewegung finden und vertrauensvoll und fleißig rückwärtsgehen?

Es kann also nicht der richtige Weg sein, ein Pferd bei Widersetzlichkeit – gleich in welcher Form – rückwärtszurichten. Vielmehr muß diese Übung als Bestandteil der Trainingsmanöver behutsam aufgebaut und mit aller Vorsicht trainiert werden.

In der Natur des Pferdes ist die Rückwärtsbewegung ein Zeichen der Unterwürfigkeit. Aus diesem Grund ist sie für den Vierbeiner etwas Unangenehmes. Gerade deshalb wird das Rückwärtsrichten oft auch als Strafmittel eingesetzt. Besser aber ist es, vor allem beim Reiningpferd darauf zu verzichten, weil das Rückwärtsrichten ein Manöver innerhalb der Reiningprüfung ist und das Pferd doch alle Manöver willig und mit Ehrgeiz ausführen soll. Außerdem muß das Pferd beim Rückwärtstreten viel Vertrauen zum Reiter beweisen, weil es nicht sehen kann, wo es hintritt. Würde man das Rückwärtsrichten als Strafmittel einsetzen, wäre das Vertrauen in Frage gestellt.

Die Funktion des Zügels

Beim fortgeschrittenen Reiter kann vorausgesetzt werden, daß er das Rückwärtsrichten nicht mit einem Ziehen am Zügel gleichsetzt. Trotzdem versuchen viele Reiter immer wieder, manchmal aus Ungeduld, oft aber auch unbewußt, das Pferd mit den Zügeln quasi rückwärts zu ziehen. Sicherlich sind mit dieser Methode einige Rückwärtsschritte zu erreichen, da das Pferd versucht, dem unangenehmen Druck des Zügels auszuweichen. Da der Reiter immer stärker zieht, sobald das Pferd im Begriff ist nach vorne wegzulaufen, was die logische Reaktion wäre, bleibt ihm irgendwann nur noch der Ausweg nach hinten. Ein Pferd ist gewohnt, einen Druck mit Gegendruck zu beantworten, deshalb wird auch die instinktive Reaktion des Pferdes sein, gegen den Zügel, also nach vorne, zu gehen. Ein Pferd muß zunächst lernen, einem Druck zu weichen. Dies wird es dann tun, wenn der Druck schmerzfrei aufgebaut wird. Auf diese Weise wird das Tier den Druck als Zeichen oder Signal deuten, dem es vertrauensvoll weichen wird. Bei heftigem und stetem

Hartes Einsitzen und bloßes Ziehen am Zügel bringen das Pferd in eine Position, in der es das Rückwärtsrichten nur unzureichend ausführen kann: Der Kopf geht nach oben, und der Rücken wird weggedrückt.

Zug am Zügel jedoch empfindet das Pferd Unbehagen. Es wird darum niemals vertrauensvoll reagieren, sondern eher zäh und kopflastig diesem unangenehmen Druck weichen. Wenn Pferde durch Zügelzug gezwungen werden rückwärtszugehen, werden sie dies niemals locker und schnell, sondern immer langsam und schwerfällig tun.

Die Hilfen zum korrekten Rückwärtstreten bauen sich im Grunde genommen genauso auf wie beim Stoppen. Der Reiter treibt das Pferd dabei gegen die verhaltende Hand. Hierzu wird der Zügel aufgenommen, so daß ein Kontakt zum Pferdemaul besteht. Der angenommene Zügel ist aber keineswegs gleichbedeutend mit einem Zügelzug. Ein Zug findet nicht statt, der Zügel steht lediglich an. Das Pferd wird nun mit den Schenkeln gegen das Gebiß getrieben. Da sich das Gebiß aber für das Pferd wie eine Wand darstellt, gegen die es getrieben wird, bleibt ihm nur der Weg nach hinten offen. Selbstverständlich muß das Pferd zuvor gelernt haben, den Zügel und die Schenkelhilfen zu akzeptieren, damit es richtig reagieren kann. Sobald es die Tendenz dazu verspüren läßt rückwärtszugehen, muß der Reiter sofort nachgeben, die Zügel lockern und den Schenkeldruck lösen. Auch wenn das Pferd nur das Gewicht nach hinten verlagert, ist dies für den Reiter schon ein Anlaß, nachzugeben und den Druck zu verringern. Sobald das Pferd beginnt, sein Gewicht nach hinten zu verlagern, denkt es bereits rückwärts, und bald wird es auch beginnen, die ersten Schritte rückwärts zu machen.

Zu Beginn des Rückwärtstretens sind also nicht unbedingt bereits Rückwärtsschritte erforderlich, allein schon die Tendenz in die gewünschte Richtung (nach hinten) ist in jedem Fall zu belohnen. Wenn das Pferd begonnen hat rückwärtszugehen, sollte man zu Anfang keinesfalls zu viele Rückwärtsschritte verlangen. Es genügt vollkommen, wenn es nur ein, zwei oder drei Schritte sind. Das Pferd ist meist noch nicht bereit, mehr Schritte anzubieten, da es eine ungewöhnliche Bewegung ist und das Pferd dabei unsicher wird. Erst wenn die ersten Schritte zur Routine geworden sind, lassen sich weitere ein oder zwei Schritte anfügen. Wichtig ist in jedem Training, daß das Pferd genau die Anzahl der Schritte geht, die der Reiter verlangt.

Ein fortgeschrittener Reiter spürt, für wie viele Tritte ein Pferd bereit ist. Erfühlt er dabei eine Bereitschaft zu vier Schritten, darf er nicht fünf verlangen, sondern beläßt es lieber bei drei, um stets die Kontrolle über die Schrittzahl zu behalten.

Der anstehende Zügel macht dem Pferd das „Tor“ vorne zu, so daß es nur noch den Weg nach hinten sieht. Man kann sich auch eine Mauer vorstellen, die das Pferd am Vorwärtsgehen hindert. Diese imaginäre „Wand“ bleibt fest am Ort, was bedeutet, daß der Zügel, der diese Mauer aufgebaut hat, sofort locker werden muß, wenn das Pferd die Tendenz zeigt rückwärtszugehen. Das Pferd muß spüren, daß die aufgebaute Wand nur in dem Augenblick besteht, in dem es noch nicht rückwärts denkt. Sobald es dies tut, verschwindet die Mauer. Für den Reiter stellt diese gedankliche Vorstellung eine hervorragende Hilfe dar, nicht am Zügel zu ziehen, denn ein Zügelzug wird stets gegenteilige Reaktionen auslösen.

Wenn ein noch junges Pferd gegen die Hand getrieben wird, darf man nicht erwarten, daß es nun anfängt, sein Gewicht zurückzuverlagern, oder daß es gar rückwärtstritt. Viele Pferde versuchen, der neuen Situation zu entgehen, indem sie seitwärtstreten, nach vorne drängeln oder auf der Stelle tänzeln. Man darf aber in dieser Situation unter keinen Umständen nachgeben, vielmehr muß man den Druck so lange aufrechterhalten, bis das Pferd in der gewünschten Weise reagiert. Dies kann entweder ein Schritt zurück sein oder lediglich die Gewichtsverlagerung nach hinten. Wenn man sich jedoch möglicherweise aufgrund des nervösen Verhaltens des Pferdes dazu verleiten läßt, den Druck aufzuheben, konditioniert man das Pferd darauf, daß es unruhig reagiert, sobald es gegen das Gebiß getrieben wird. Das Tier lernt, daß der Druck gelöst wird, sobald es anfängt, sich unruhig zu verhalten. Darum muß der Druck so lange Bestand haben, bis die gewünschte Reaktion erreicht ist – ungeachtet dessen, was das Pferd zwischenzeitlich macht.

Die Kontrollierbarkeit

Wenn ein Pferd langsam anfängt, in die Rückwärtsbewegung zu gehen, kommt es erst einmal nicht darauf an, in welcher Geschwindigkeit es rückwärtstritt. Da zu Anfang viele Pferde im allgemeinen noch recht unsicher sind, wird kein Pferd ein schnelles *Back up* anbieten. Das Pferd muß dem Reiter im wahrsten Sinne des Wortes blind vertrauen, da es nicht sehen kann, wo es hintritt. Es sollte darum eine Selbstverständlichkeit sein, daß der Trainer sein Pferd in der Rückwärtsbewegung nicht gegen Hindernisse steuert, zum Beispiel gegen die Reitbahnbegrenzung. Das würde unweigerlich einen Vertrauensverlust bedeuten.

Wichtig ist in jedem Fall eine rhythmische Rückwärtsbewegung, völlig unabhängig von der Schnelligkeit. An der Schnelligkeit kann dann gearbeitet werden, wenn eine gewisse Perfektion des Manövers erreicht wurde. Es ist viel leichter, einen gleichmäßigen Bewegungsablauf flotter zu machen, als in einen schnellen, aber ungleichmäßigen Bewegungsablauf einen Rhythmus hineinzubringen.

Von Anfang an muß man darauf bedacht sein, über die Rückwärtsschritte seines Pferdes die Kontrolle zu behalten. Viele Reiter überlassen es ihren Pferden, wie viele Schritte sie rückwärtsgehen wollen. Oftmals wird den Tieren nur eine „Mindestschrittzahl“ vorgegeben. Wenn diese erreicht ist, hört der Reiter auf, mehr Schritte zu fordern, und läßt sein Pferd quasi austrudeln. Ein eifriges Pferd kann dann noch einige Schritte von sich aus machen, je nach Lust und Laune. Zu wenige Schritte dürfen ebensowenig geduldet werden wie zu viele Schritte. Jeder einzelne Tritt sollte vom Reiter exakt kontrolliert werden. Manchmal ist in Westernreitprüfungen die genaue Schrittzahl angegeben, die der Reiter rückwärtsrichten muß. Aber auch Meterangaben, Forderungen nach Pferdelängen oder

Anweisungen wie etwa „bis zur Mitte der Bahn" bedingen eine genaue Kontrolle durch den Reiter.

Ist es nicht möglich, die Rückwärtsbewegung des Vierbeiners im richtigen Moment zu stoppen, gerät das Tier außer Kontrolle. Dies erkennt das Pferd natürlich irgendwann einmal und nutzt die Gelegenheit, um sich unangenehmen Dingen zu entziehen. Man sagt dann: „Das Pferd flüchtet rückwärts." Es gibt Pferde, die rückwärtstreten, wenn der Reiter aufsteigen will. Die Vorwärtsbewegung wird durch den Zügel begrenzt, gegen die Rückwärtsbewegung ist der Reiter aber in dem Augenblick, in dem er aufsteigen will, machtlos. Da hilft dann oftmals nur, das Pferd mit dem Hinterteil gegen eine Wand zu stellen. Die Flucht nach hinten treten solche Pferde auch dann an, wenn sie vor einem Gegenstand Angst haben und vermeiden wollen, daran vorbeizugehen. Der Reiter läßt dabei die Zügel locker und versucht, das Pferd vorwärtszutreiben. Das Pferd allerdings geht rückwärts und wird mit zunehmendem Treiben immer schneller. Wenn ein derartiges Problem auftaucht, ist der Reiter nahezu hilflos. Dann kann nur noch ein Klaps mit den Zügelenden auf die Kruppe des Pferdes helfen.

Um solchen Problemen vorzubeugen, muß schon von Anfang an Wert darauf gelegt werden, daß die Rückwärtsschritte nur unter vollständiger Kontrolle des Reiters stattfinden. Dennoch ist es kein allzu großes Problem, wenn ein Pferd freiwillig mehr Schritte rückwärtsgeht, als der Reiter verlangt. Dieser Fehler – sofern man überhaupt von einem Fehler sprechen kann – ist relativ leicht zu korrigieren. Es ist immer leichter, einem Pferd beizubringen vorwärtszugehen als rückwärtszutreten. Von daher ist es nur ein geringfügiges Problem, wenn das Pferd versucht, sich durch Rückwärtsgehen zu entziehen. Dennoch sollte es einem nicht völlig gleichgültig sein, wenn ein Pferd aus eigenem Antrieb mehr Schritte rückwärtsgeht als gewünscht. Gerade bei Reining-Prüfungen ist ein Pferd, das mehr als drei Schritte rückwärtsgeht, ohne daß es in der Prüfungsaufgabe vorkommt, *„off pattern"*.

Die meisten Pferde schwenken mit der Hinterhand nach einer Seite aus, wenn sie rückwärtsgerichtet werden. Wenn ein Pferd schief rückwärtsgeht, ist das meist eine Folge von Steifheit auf einer Seite. Wie bereits besprochen, ist jedes Pferd bis zu einem gewissen Grad auf einer Seite steifer als auf der anderen. Durch konsequentes Training und „Geraderichten" kann dieser Umstand weitestgehend ausgeglichen und eine beidseitige Geschmeidigkeit erreicht werden. Trotzdem ist eine Gleichmäßigkeit beider Körperhälften erst bei einem fortgeschrittenen Pferd zu erwarten. Alle jungen und im Training befindlichen Pferde können eine derartige Gleichmäßigkeit noch nicht aufweisen. Schiefes Rückwärtstreten ist die Folge. Dennoch ist gerades Rückwärtsrichten immer gefordert, ganz gleich, ob der Reiter nun Ambitionen hat, eine Reining oder einen Trail zu reiten. Deshalb ist es wichtig, das Pferd auch in der Rückwärtsbewegung nach rechts oder links steuern zu können. Die Steuerung ist dabei ein Teil der Kontrolle.

Wenn nun ein Pferd beim Rückwärtsrichten mit der Kruppe von der geraden Linie abweicht, wäre die logische Folgerung, mit dem Schenkel diesem Ausbrechen entgegenzuwirken. Bei fortgeschrittenen Pferden wird man diese Methode auch erfolgreich anwenden können, da ein ausgebildetes Pferd geschmeidig genug ist, in der Rückwärtsbewegung dem Schenkeldruck Folge zu leisten und die Hinterhand auf die Gerade zurückzubringen. Ein noch unerfahrenes und einseitig mehr oder weniger steifes Pferd wird damit große Probleme haben, auch wenn es gelernt hat, den Schenkel zu akzeptieren. Statt die Hinterhand auf die Linie zurückzubringen, ist es darum einfacher, die Schulter zu verschieben, damit das Pferd wieder gerade rückwärtsgeht. Da das Pferd bei der Rückwärtsbewegung das Gewicht auf die Hinterhand nehmen muß, ist es in der Vorhand leichter und damit beweglicher. Die Vorhand läßt sich darum viel leichter seitlich verschieben als die Hinterhand.

Weicht das Pferd mit der Hinterhand nach rechts aus, begrenzt man das Ausweichen mit dem rechten Schenkel, bringt die Schulter durch Annehmen des linken Zügels nach rechts und richtet diese auf die Hüfte des Pferdes aus. Anders ausgedrückt: Der angenommene linke Zügel bringt die Nase des Pferdes nach links, wobei die Schulter in bezug auf den Kopf und Hals nach rechts geht. Damit erreicht man ein Ausrichten der Schulter auf die Hüfte, wodurch man das Pferd wieder gerade bekommt.

Um von vornherein zu vermeiden, daß die Hinterhand seitlich ausbricht, muß der Trainer das Pferd praktisch gebogen rückwärtsrichten. Wenn das Pferd mit der Hüfte vornehmlich nach rechts geht, ist es auf dieser Seite steif. Um eine schiefe Rückwärtsbewegung zu vermeiden, stellt man den Pferdekopf etwas nach links und schiebt die Schulter nach rechts. Damit wird das Pferd in der Spur gehalten, und man erreicht eine Rückwärtsbewegung auf gerader Linie. Die Steuerung liegt also auch beim Rückwärtsrichten stets in der Schulter.

Rückwärtsrichten auf gebogener Linie: Kay Wienrich bringt sein Gewicht nach außen, der rechte Schenkel drückt die Hüfte nach links.

Bei gut ausgebildeten und durchtrainierten Pferden wird schiefes Rückwärtsgehen kaum mehr vorkommen. Trotzdem kann es passieren, doch dann ist man meist in der Lage, kleine Abweichungen mit den Schenkeln zu korrigieren. Stets sollte man kleinste Abweichungen sofort korrigieren, denn je weiter die Beine außerhalb der optimalen Position sind, desto schwieriger wird es, sie wieder in die Spur zu bringen. Darum ist immer auf eine korrekte Ausführung zu achten, deren Hauptaugenmerk auf einem klaren Rhythmus und einer geraden Linienführung liegt. Pferde, die nicht im Rhythmus rückwärtsgehen, machen auch unterschiedlich lange Schritte, die ebenfalls sehr schnell zu einer Abweichung von der Geraden führen.

Sobald im Training ein sauberes und rhythmisches Rückwärtsrichten erreicht wurde, kann eine Beschleunigung der Bewegung gefordert werden. Auch beim Weg nach hinten wird mit den Schenkeln „Gas“ gegeben. Ein stärkerer Schenkeldruck (hier meist im Wechsel rechts-links) vermittelt dem Pferd, einen Gang höher zu schalten. Zusätzlich kann der Reiter sein Pferd noch mit Zungenschnalzen animieren, das Tempo zu steigern.

Wenn das Pferd nicht will

Wenn ein Pferd schon gut rückwärtsgegangen ist und plötzlich nicht mehr will, eine Überforderung ausscheidet und auch sonst keine Gründe vorliegen, sollte man überprüfen, ob sich das Pferd beim Rückwärtsrichten mit den Vorderbeinen auf die

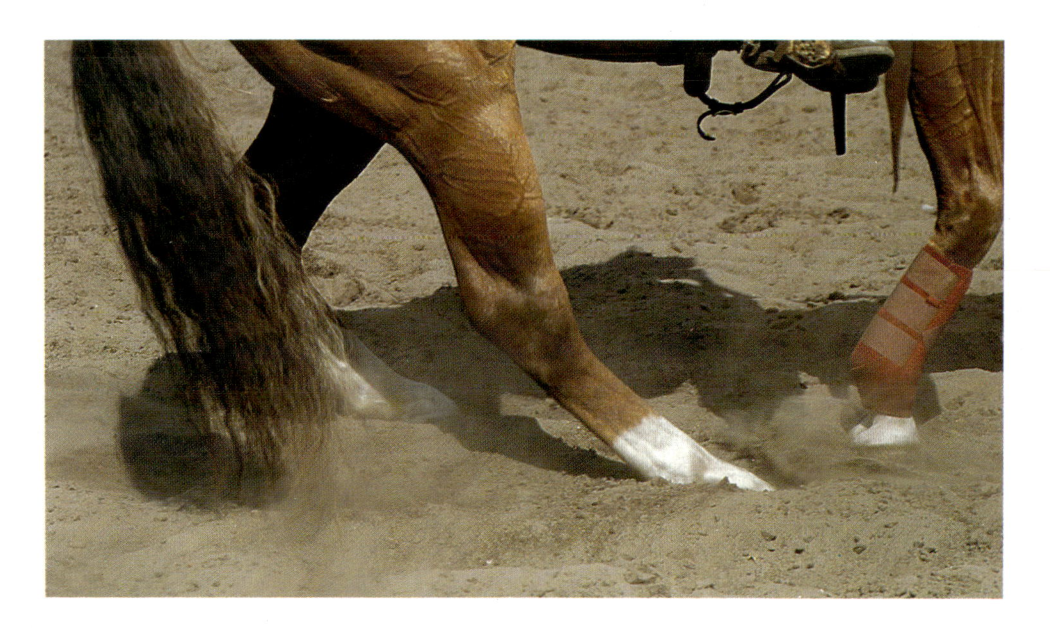

Auf tieferem, weicherem Boden kann es passieren, daß ein mit Sliding-Eisen beschlagenes Pferd beim Rückwärtstreten mit der Hinterhand zu weit unter den Körper rutscht. Das Pferd wird infolgedessen nur schwerfällig oder langsam rückwärtsgehen.

Kronränder der Hinterhufe tritt. Dies kann vor allem dann passieren, wenn das Pferd die Hinterhand gut untersetzt. Der Kronrand ist sehr empfindlich. Wenn sich ein Pferd dort verletzt, wird es vor dem Rückwärtsrichten eine Scheu entwickeln. Zu sehen sind dabei auf den Hinterhufen weißliche Abschürfungen, die darauf hinweisen, daß sich das Pferd „auf die Füße" tritt. Hier sind entsprechende Gamaschen oder *Bell Boots* zum Schutz der Kronränder erfoderlich.

Schuld kann auch ein zu tiefer Boden sein, wenn das Pferd das Rückwärtsrichten verweigert oder nur schwerfällig rückwärtsgeht. Ein einfühlsamer Reiter wird einen solchen Grund sehr bald erkennen. Ist der Untergrund gut, kann man eine flottere Rückwärtsbewegung erwarten. Bei sehr tiefem, „klebrigem" Boden allerdings muß man Abstriche machen und kann nicht die gleiche Qualität eines Manövers verlangen wie auf gutem Boden.

Es gibt noch viele andere Gründe, die ein Pferd daran hindern, sauber rückwärtszutreten. So haben Pferde, die erst kürzlich mit einem *Sliding*-Beschlag ausgestattet worden sind, oftmals Probleme, mit der Hinterhand weit nach hinten auszugreifen, da sie mit den Hinterbeinen sehr weit unter den Körper kommen. Diese können dann den Vorderbeinen nicht aus dem Weg gehen, weil die Eisen zu sehr rutschen. Dies sind alles Dinge, die zu beachten sind, wenn Probleme beim Rückwärtsrichten auftreten.

Gute „Rückwärtsgänger" sind in der Regel auch hervorragende Stopper. Aus diesem Grund und weil es das Vertrauen zum Reiter fördert, sollte diesem Manöver große Beachtung geschenkt werden.

Vor- und Hinterhandwendung

Die Vorhandwendung

Eine Vorhandwendung wird einem Reiningpferd nicht abverlangt. Sie soll darum nur der Vollständigkeit halber erwähnt werden. Mit einem Pferd, das die Grundschule absolviert hat, das den Schenkeldruck akzeptiert und mit der Schulter zwischen den Zügeln bleibt, kann man jederzeit eine Vorhandwendung reiten. Man kann diese Übung hie und da einmal einflechten, um das Pferd konzentriert zu halten, seinen Gehorsam und seine Bereitschaft zur Mitarbeit abzufragen.

Vom trainingstechnischen Gesichtspunkt aus kann die Vorhandwendung geritten werden, um die Akzeptanz der Schenkelhilfen zu fördern. Ansonsten hat sie für das Reiningpferd keine Bedeutung, da das Gewicht bei der Vorhandwendung auf der Vorhand liegt, während ansonsten alle Manöver im Reining-Training auf der Hinterhand geritten werden. Die Vorhandwendung kann also als Beiprodukt gesehen werden, das – wenn überhaupt – nur gelegentlich zur Ausführung kommt. Will man die Vorhandwendung reiten, sollte man allerdings darauf achten, daß das Gewicht auf dem Drehpunkt liegt, also auf dem Vorderbein, um das das Pferd dreht. Das Pferd steht nur korrekt an den Hilfen, wenn es nicht nach vorne, nach hinten oder zur Seite wegtritt.

Die Hinterhandwendung

Im Gegensatz zur Vorhandwendung ist die Hinterhandwendung ein wesentlicher Bestandteil des Reining-Trainings. Aus der Hinterhandwendung wird der *Turn around* oder *Spin* entwickelt. Man sollte darauf achten, daß die Hinterhandwendung korrekt geritten wird, ehe man die Geschwindigkeit für den *Spin* entwickelt. Eine Hinterhandwendung ist ein Manöver, bei dem das Pferd 45, 90, 180, 360 Grad oder mehr um die Hinterhand

Das Pferd wird aus dem Rückwärtsrichten heraus nach links gewendet. Es ist deutlich zu sehen, wie das Pferd dabei seine Hinterhand unter das Gewicht schiebt.

Das Pferd wird gegen den Zaun gewendet: Der Zaun wirkt als optische Barriere und veranlaßt das Pferd im Zusammenspiel mit dem linken Schenkel, das rechte Hinterbein als Drehpunkt einzusetzen und sich mit dem linken Hinterbein abzudrücken.

dreht. Wichtig für das Training des *Turn around* ist vor allem, daß das äußere Vorderbein vor das innere kreuzt und das innere Hinterbein als Drehpunkt fungiert.

Das Pferd muß lernen, das Gewicht bei der Drehung auf die Hinterhand zu nehmen. Da dies beim Anhalten und Rückwärtsgehen bereits gefordert ist, allerdings bislang in dieser extremen Form noch nicht bei einem Manöver in der Vorwärtsbewegung verlangt wurde, können sich hier die ersten Probleme einstellen. Manchmal kann es nützen, die Drehung aus dem Rückwärtsrichten zu entwickeln, damit das Pferd lernt, die Hinterhand unter seinen Körper zu nehmen. Der Nachteil dabei ist aber, daß die Vorwärtsbewegung verlorengeht und damit der Grundstock für das spätere Drehen in hoher Geschwindigkeit. Wenn das Pferd das Gewicht nicht auf der Hinterhand trägt, sind die ersten Zeichen hierfür, daß es mit der Hinterhand wegtritt und damit nicht mehr auf der Hinterhand, sondern entweder um die Mittelhand oder sogar um die Vorhand dreht. Wenn dies geschieht, müssen über längere Zeit vorbereitende Übungen das Pferd dazu veranlassen, sich auf die Hinterhand zu setzen.

Hier kann eine Wendung gegen den Zaun helfen: Das Pferd wird dabei zuerst im Schritt und später im Trab in einem Abstand von gut einem Meter zum Zaun geritten. Die Nase wird einige Meter vor der Wendung nach außen, also in Richtung Zaun, gestellt. Man bremst die Vorwärtsbewegung ab, zeigt dem Pferd mit dem inneren Zügel die neue Richtung an, legt dabei zusätzlich den äußeren Zügel am Pferdehals an und unterstützt die Wendung mit einem Druck des äußeren Schenkels. Der Zaun verhindert, daß das Pferd nach vorne weglaufen kann, und gewährleistet, daß das Pferd sein Gewicht auf die Hinterhand nimmt, da es nur so mit den Vorderbeinen um die Hinterhand herumlaufen kann. Das Pferd wird mit Schwung aus der Wendung in die entgegengesetzte Richtung entlassen. Positive Aspekte der Übung sind, daß das Pferd das Gewicht auf die Hinterhand nimmt, der Vorwärtsschwung erhalten bleibt und der Zügeleinsatz minimal ausfallen kann, da der Zaun die Zügelhilfe unterstützt.

Ein Pferd, das keine Probleme hat, sein Gewicht auf die Hinterhand zu nehmen, kann für den *Turn around* in der Vorwärtsbewegung antrainiert werden. Man beginnt dabei, das Pferd kleine Kreise gehen zu lassen. Es ist darauf zu achten, daß das Pferd stets spurtreu bleibt, weder mit der Hinterhand ausbricht noch versucht, über die Schulter zu schieben. Ein durchgymnastiziertes Pferd sollte in der Lage sein, kleinste Zirkel spurtreu zu laufen. Nun wird damit begonnen, mit dem äußeren Zügel die Vorwärtsbewegung etwas abzubremsen und den Schwung dafür in die Seitwärtsbewegung umzuleiten. Der äußere Schenkel, der am Gurt oder an der Schulter Druck erzeugt, unterstützt den Bewegungsablauf. Es wird versucht, das Pferd zu einem imaginären Mittelpunkt des Kreises zu schieben. Dabei ist darauf zu achten, daß das Pferd

a) unbedingt in der Vorwärtsbewegung bleibt,

b) die Nase nach innen gestellt läßt (also in die Bewegungsrichtung blickt) und

c) daß sich Kopf, Hals, Schulter, Rippenbogen und Hüfte des Pferdes zum Kreismittelpunkt hin bewegen.

Dies ist aber wiederum nur möglich, wenn das äußere Vorderbein vor die innere Vorhand tritt. Es genügen für den Anfang zwei oder drei Schritte in der Drehung, dann läßt man das Pferd wieder auf einem kleinen Zirkel gehen. Wird der Bewegungsablauf korrekt ausgeführt, kann man die Anzahl der Schritte erhöhen und damit eine Vierteldrehung zu einer halben und schließlich zu einer vollen 360-Grad-Drehung steigern. Wenn das Pferd das Manöver im Schritt perfekt beherrscht, trainiert man es aus dem Trab. Der Trab ist die eigentliche Gangart für die Vorbereitung des *Turn around*, denn der Trab gibt den Zweierrhythmus vor, den das Pferd auch im *Spin* haben soll. Man wünscht sich im *Spin* eine flache, gelaufene Bewegung, da so sehr viel mehr Speed in das Manöver kommt als bei einer gesprungenen Bewegung, beispielsweise bei der Pirouette in der klassischen Dressur, die aus der Galoppbewegung entwickelt wird. Beginnt das Pferd zu springen, benötigt es für die Auf- und Abbewegung sehr viel mehr Kraft und einen längeren Weg, was dann die Geschwindigkeit hemmt.

In erster Linie ist zu Beginn des Trainings für die Hinterhandwendung darauf zu achten, daß die Vorhand jeweils den weiteren Weg geht und um die Hinterhand herumläuft. Dabei kann es passieren, daß die Hinterhand nicht auf einem Platz

Die Hinterhandwendung nach links: Die Stellung in die Bewegungsrichtung bleibt immer erhalten, und es ist deutlich zu sehen, wie das Pferd das Gewicht auf den inneren Hinterfuß nimmt.

bleibt, sondern sich ebenfalls auf einem Kreis bewegt. Das ist nicht schlimm, solange die Hinterhand sich auf einem kleineren Zirkel bewegt als die Vorhand. Würde die Hinterhand einen größeren Kreis beschreiben, läge das Gewicht vermehrt auf der Vorhand, und die Hinterhand würde sich nicht zum Kreismittelpunkt hin bewegen, sondern sich von diesem Mittelpunkt entfernen. Tritt also das Pferd bei einer Linksdrehung mit der Hinterhand ebenfalls nach links, ist es in Ordnung. Sobald es mit der Hinterhand aber nach rechts wegschwingt, befindet sich das Pferd sofort in einer Mittelhandwendung, und der Drehpunkt liegt nicht mehr auf der Hinterhand, sondern in der Körpermitte des Pferdes. Das Pferd würde sich wie ein Kreisel um die eigene Achse bewegen. Man nennt dies auch die Helikopterbewegung, die allerdings für das vorbereitende *Spin*-Training nicht erwünscht ist, weil das Gewicht von der Hinterhand genommen wird.

Entscheidend ist zunächst einmal, daß die Vorhand einen größeren Radius beschreibt als die Hinterhand. Ideal wäre es, wenn das Pferd das innere Hinterbein als Standbein benutzt und mit dem äußeren Hinterbein für die Geschwindigkeit sorgt. Es gibt Pferde, die – wie schnell sie auch drehen – vorne korrekt traben und überkreuzen und dabei mit dem inneren Hinterfuß ein regelrechtes Loch in den Boden graben. Diese Pferde sind außergewöhnlich talentiert und athletisch. Nicht jedes Pferd ist dazu in der Lage. Darum sollte man sein Augenmerk nicht vehement auf den inneren Hinterfuß legen, weil man dabei schnell vergißt, darauf zu achten, daß das Pferd mit der Vorhand locker, rhythmisch und dicht am Boden um die Hinterhand trabt.

Bei der auf den *Spin* vorbereitenden Hinterhandwendung sind weder die Geschwindigkeit noch ein fixiertes Drehbein notwendig. Diese Dinge regeln sich in fortführendem Training nahezu von selbst. Größeren Erfolg hat man, wenn man sein Augenmerk darauf legt, daß die Vorwärtsbewegung erhalten bleibt, die Vorderbeine nach vorne überkreuzen und die Vorhand stets einen größeren Radius beschreibt als die Hinterhand.

Probleme bei der Drehung

Viele Reiter sind in erster Linie darauf bedacht, daß das innere Hinterbein bei der Hinterhandwendung auf einem Platz stehen bleibt. Wenn nun das Pferd beginnt, mit dem inneren Hinterbein wegzutreten, wird oftmals am Zügel gezogen oder mit den Schenkeln geklopft, um dies zu verhindern. Damit aber wird das Pferd in seiner Bewegung noch mehr behindert, der Rhythmus geht verloren, und das Pferd wird aus dem Gleichgewicht geworfen. Man sollte nicht so penibel sein, dem Pferd abzuverlangen, mit dem inneren Hinterfuß unbedingt ein Loch in den Boden zu graben. Es kann durchaus sein, daß das Pferd zu Anfang des Trainings eher auf dem äußeren Hinterfuß dreht als auf dem inneren. Meistens löst sich dieses Problem im Zuge des Trainings und der Akzeptanz des Schenkels von selbst. Es ist auch kein großes Malheur, wenn das Pferd beim Drehen vom inneren auf den äußeren Hinterfuß wechselt, solange es stationär bleibt. Wenn die Vorhand dabei korrekt läuft und die Hinterhand sich nicht von der Stelle bewegt, ist dies auch in der Prüfung kein Problem.

Man sollte bereits in der Vorbereitung zur Hinterhandwendung darauf achten, daß man beim Reiten der kleinen Zirkel am Platz bleibt und nicht spiralförmig abdriftet. Hierzu kann man einen imaginären Mittelpunkt festlegen, an dem man sich orientiert, und versuchen, das Pferd um diesen Mittelpunkt in gleichbleibendem Abstand zu reiten. Bewegt sich das

Pferd in einer Spirale über die Reitarena, beschreibt die Hinterhand einen größeren Radius als die Vorhand, sind dies Zeichen dafür, daß der Reiter die Hinterhand noch nicht unter Kontrolle hat.

Mit dem Zirkeltraben auf einem kleinen Kreis kann schon relativ früh im Training begonnen werden. Bereits hier zeigt es sich, wie talentiert ein Pferd für den zukünftigen *Turn around* ist. Sollte das Pferd nach acht bis maximal zwölf Wochen nicht in der Lage sein, stationär kleine Zirkel zu traben, gibt es wenig Hoffnung, daß sich das Pferd genügend biegen läßt, um später den *Turn around* ausführen zu können. Selbst wenn solche Pferde in anderen Manövern überdurchschnittliches Talent zeigen, wäre dies ein Grund, sie aus dem Reining-Training auszuschließen. Solche Pferde sind oftmals vorne schwerer als hinten und haben in der Hinterhand nicht die Kraft, um das Gewicht zu halten, während die Vorhand um die Hinterhand trabt. Oder aber es sind Pferde, die in der Hüfte und im Lendenwirbelbereich einfach zu steif sind, um das Gewicht auf dem inneren Hinterfuß zu belassen und mit der gesamten Körperachse um diesen mehr oder weniger stationären inneren Hinterfuß zu traben.

Das gleiche kann dann auch beim Drehen passieren. Oftmals dreht das Pferd eine Viertel oder halbe Drehung auf der Hinterhand und fliegt dann mit der Hinterhand nach außen. Kurz darauf positioniert sich das Pferd wieder und dreht auf der Hinterhand weiter. Das Pferd wechselt so ständig zwischen der korrekten Stellung auf der Hinterhand und der unerwünschten Position, wenn die Hinterhand ausfällt. Der Reiter versucht dabei in der Regel, diese Situation zu kompensieren, und hofft, daß das Pferd irgendwann von selbst auf der Stelle bleibt. Dies ist aber sicherlich nicht der Fall. Wenn ein Pferd nicht in Position bleibt, muß dies so früh wie möglich unterbunden werden, denn daraus kann ein kaum mehr zu korrigierendes Problem entstehen: Das Pferd versucht, sich der Drehung zu entziehen. Es leitet dabei eine Drehung ein und schwenkt mit der Hinterhand plötzlich aus. Das Ganze passiert so schnell, daß der Reiter kaum Gelegenheit hat, korrigierende Maßnahmen zu ergreifen. Darum ist es notwendig, gerade dieses Manöver langsam anzugehen. Das Pferd muß erst in korrekter Position Rhythmus und Takt erlangen und wissen, wo es seine Beine hinsetzen muß. Es muß durch entsprechendes Training eine gewisse Routine erreichen und ist erst dann in der Lage, das Tempo für den eigentlichen *Spin* zu erhöhen.

Manche Pferde werden ihr Leben lang Probleme damit haben, die richtige Position in der Drehung beizubehalten. Dem Pferd kann die Beweglichkeit und Athletik vor allem im Schulterbereich fehlen, so daß es nicht sauber und exakt dreht. Sehr häufig treten sich solche Pferde auch selbst mit den Vorderbeinen auf die Kronränder. Ist das Pferd dann nicht mit *Bell boots* geschützt, kann es sich verletzen. Und wenn das geschieht, weigern sich viele Pferde, eine Drehung auszuführen, weil sie Angst vor diesen Schmerzen haben.

Viele Pferde haben zudem das Problem, daß sie den Schwung, den sie in die Drehung mit hineinnehmen, nicht beibehalten. Sie frieren die Bewegung ein, sobald es „eng" wird, das heißt, sobald sie in die Drehung gehen. Dies ist ein Zeichen dafür, daß sie für die Wendung noch nicht genügend vorbereitet sind, denn sie haben Schwierigkeiten, sich exakt zu positionieren. Hier sollte der Bewegungsablauf erst über längere Zeit hinweg in niedriger Geschwindigkeit trainiert werden. Das Pferd sollte die Anfangsgeschwindigkeit, die es auf dem kleinen Zirkel in die Drehung mit hineinnimmt, auch in der Drehung beibehalten können. Ist das nicht der Fall, ist die Geschwindigkeit noch zu hoch. Man muß darum eine Stufe zurückschalten und verstärkt am routinierten Bewegungsablauf arbeiten.

Relativ häufig kommt es vor, daß ein Pferd während der Wendung rückwärtstritt. Dies passiert meist, wenn der Reiter das Pferd zuvor aus dem Rückwärtsrichten in die Wendung gelenkt hat. Zu korrigieren ist das Problem durch vehementes Vorwärtstreiben. Das Pferd wird dabei grundsätzlich aus einem Zirkel mit viel Vorwärtsschwung in die Drehung geritten. Auch während der Drehung wird darauf geachtet, daß der Vorwärtsschwung erhalten bleibt. Der Zügel darf dabei nicht zu sehr anstehen. Viele Reiter haben zuviel Druck auf dem Zügel, der das Pferd nach rückwärts zieht, anstatt damit nur das „Herauslaufen" aus der Drehung zu verhindern. Gerade aber beim Drehen muß das Pferd Kopf und Hals als Balancierstange einsetzen können. Von daher ist es wichtig, mit dem Zügel nur so viel einzuwirken, wie es gerade notwendig ist, um das Pferd

a) in der Richtung zu halten und
b) am Herauslaufen zu hindern.

Jeder Zügeleinsatz, der darüber hinausgeht, behindert das Balancesystem und wirkt gegen einen freien, lockeren und harmonischen *Turn around.*

Seitwärtstreten

Das Seitwärtstreten ist ein Manöver, das in der Reining-Prüfung nicht vorkommt. Dennoch ist es eine sehr gute Hilfe im Training. Das Seitwärtstreten setzt absolute Akzeptanz der Schenkelhilfen voraus, darum ist es als Vorstufe für eine Anzahl von Reining-Manövern sehr wertvoll. Das Pferd lernt beim Seitwärtstreten, seine Beine zu sortieren und dem Schenkeldruck zu weichen. Somit ist dies eine sehr gute Vorübung für Manöver wie Galoppwechsel, Drehungen, *Roll back* sowie das Reiten auf dem Zirkel. Sobald das Pferd die Schenkelhilfen kompromißlos akzeptiert, läßt es sich auch innerhalb eines Manövers sehr gut korrigieren. Schenkelhilfen sind sehr wichtig für den Reiter; nur damit kann er das Pferd steuern, sowohl in der Geschwindigkeit als auch in der Richtung. Das Seitwärtstreten ist daher die beste Übung, den Schenkelgehorsam zu fördern. Mit einem Pferd, das sehr gut auf Schenkelhilfen anspricht, kann man Zirkel verkleinern und vergrößern, Drehungen beschleunigen und kontrollierte Galoppwechsel reiten. Darum gehört das Seitwärtstreten ins Grundlagentraining des Reiningpferdes.

Der Einstieg

Mit dem Seitwärtstreten sollte man beginnen, wenn das Pferd die Schenkelhilfen bereits akzeptiert und sich gut vorwärtstreiben läßt. Beim Seitwärtstreten kommt der Schenkeldruck allerdings nur auf einer Seite zum Einsatz. Dieser Umstand wird das Pferd aber nicht davon abhalten, dem einseitigen Schenkeldruck

Seitwärtstreten nach rechts: Das Reitergewicht lastet auf dem linken Bügel, der linke Schenkel drückt die Hinterhand nach rechts.

dennoch nach vorne auszuweichen, da es sonst noch nichts anderes kennt.

Grundsätzlich sollte man darum das Pferd vor eine Wand oder einen Zaun stellen, damit es keine Möglichkeit hat, nach vorne zu laufen. Eine gute Möglichkeit ist es, das Seitwärtstreten erst vom Boden aus zu trainieren. Dazu stellt man das Pferd mit dem Kopf zur Reithallenbande und übt mit der Hand einen Druck an der Stelle aus, an der normalerweise der Schenkel zum Einsatz kommt. Der seitwärtstreibende Schenkel wird dabei zur Unterscheidung ein bis zwei Handbreit hinter der Normalposition des vorwärtstreibenden Schenkels eingesetzt.

Nach vorne kann das Pferd nicht weglaufen, so bleibt ihm nur der Weg zur Seite. Manchmal versucht das Pferd den Kopf abzuwenden, um schließlich seiner Nase nach wegzulaufen, doch dies kann mit den Zügeln beziehungsweise mit dem Führstrick verhindert werden. Der Kopf soll zu Anfang stets frontal zur Wand zeigen, damit der Körper des Pferdes geradegerichtet bleibt. Sobald nun das Pferd die Tendenz zeigt, zur Seite hin auszuweichen, muß der Druck sofort aufhören. Das Pferd erkennt, daß es richtig gehandelt hat. Wenn das Pferd auf Druck mit der Hand oder den Fingern seitwärtstritt, kann man das Ganze vom Sattel aus wiederholen: Das Pferd wird vor eine Begrenzung gestellt, die übrigens im Idealfall so hoch sein sollte, daß das Pferd nicht darüber hinwegsehen kann. Wenn das Pferd nun nach rechts treten soll, wird der linke Schenkel am Pferdekörper angelegt. Unterstützend wird auch ein Druck mit dem linken Zügel am Pferdehals aufgebaut. Sobald das Pferd nun entweder mit der Vorhand oder mit der Hinterhand einen Schritt zur Seite macht, nimmt man Schenkel und Zügel sofort wieder weg. Der rechte Schenkel darf keinesfalls angelegt werden, da dies das Pferd verwirren würde. Es empfiehlt sich, in diesem Fall den rechten Schenkel weit vom Pferdekörper wegzustrecken. Es dauert im Normalfall nicht allzu lange, bis das Pferd begreift, was man von ihm will. Im Prinzip verfährt man ähnlich wie beim Rückwärtsrichten, was die Methodik dieses Manövers anbelangt.

Sehr oft passiert es, daß ein Pferd versucht, dem Druck rückwärts auszuweichen, weil es nicht nach vorne laufen kann, wenn es gegen eine Wand gestellt ist. Sobald das Pferd rückwärts wegtritt, müssen beide Zügel gelockert und das Pferd muß energisch mit beiden Schenkeln nach vorne getrieben werden. Notfalls muß man mit dem Zügelende auf die Kruppe des Pferdes klatschen, damit es wieder vorwärts auf die Wand zugeht. Meistens weichen die Pferde dann nach rückwärts aus, wenn sie gelernt haben, rückwärts zu flüchten. Dies ist der Fall, wenn sie sich einer Übung entziehen wollen. Da der Reiter nicht allzu viele Möglichkeiten hat, der unkontrollierten Rückwärtsflucht etwas entgegenzusetzen, sollte man versuchen, die Tendenz dazu schon im Keim zu ersticken.

Sobald nun das Pferd mehrere Schritte seitwärts anbietet, achtet man darauf, daß das Pferd die Seitwärtsschritte gleichzeitig mit der Vorhand und Hinterhand absolviert, damit es im Körper gerade bleibt. Sehr häufig tendieren die Pferde dazu, mit der Vorhand vorauszulaufen. Dies kann durch Abstimmung von Zügel- und Schenkelhilfen korrigiert werden. Der innere Zügel (bei einer Seitwärtsbewegung nach rechts ist dies der rechte) wird dabei „bremsend" am Pferdehals angelegt, während der äußere – in diesem Fall linke – Schenkel den Druck forciert, um die Hinterhand stärker zu aktivieren. Sollte die Hinterhand vorauslaufen, wird der Schenkeldruck vermehrt an der Schulter eingesetzt und die Zügelhilfe auf der äußeren Halsseite verstärkt.

Das Pferd soll mit den Vorderbeinen sowie mit den Hinterbeinen deutlich überkreuzen. Das Überkreuzen muß immer so vonstatten gehen, daß das äußere Bein vor das innere Bein tritt. Wenn der Reiter also in der Seitwärtsbewegung nach rechts reitet, soll das linke Vorderbein vor das rechte treten, ebenso sollte das linke Hinterbein vor dem rechten Hinterbein auffußen. Das Pferd sollte sich nicht auf die Füße treten oder die Beine nur nebeneinander absetzen, sondern es sollte vielmehr deutlich übertreten. Darum ist es nicht so schlimm, wenn die Vorhand etwas vorausläuft, da hierbei zumindest das Übertreten in Ordnung ist. Sobald die Hinterhand vorwegläuft, kann das Pferd nicht mehr nach vorne übertreten. Es kann die Beine nur noch nach hinten setzen, wobei man zusätzlich das Rückwärtstreten provozieren würde.

Im Grunde ist das Seitwärtstreten eine Art Abfallprodukt des Reining-Trainings, weil es als eigentliches Manöver nicht vorkommt. Dennoch ist es zur Korrektur und zum Einleiten einiger Manöver durchaus angebracht. Bei anderen Westernreitdisziplinen ist das Seitwärtstreten in seiner reinen Form dagegen durchaus gefordert, so zum Beispiel beim Trail. Hier müssen oftmals Stangenhindernisse seitwärts überritten werden. Aber auch in der Horsemanship-Prüfung können Seitwärtsgänge verlangt werden. Bevor man das Seitwärtstraining nun auch ohne Hallenbegrenzung trainiert, kann das Überreiten einer Stange eine gute Orientierungshilfe für das Pferd sein, denn ohne die Begrenzung durch einen Zaun wird das Pferd nun in den seltensten Fällen absolut gerade seitwärtstreten. Es wird oftmals nach hinten übertreten oder nach vorne weglaufen. Darum kann eine Stange aus dem Trailtraining, die man seitwärts überreitet, eine sehr gute Orientierungshilfe für das Pferd sein und dazu verhelfen, daß die Seitwärtsbewegung rhythmisch und geradlinig bleibt. Später kann auch auf diese Stange verzichtet werden, wenn sich der Bewegungsablauf im Kopf des Pferdes gut verankert hat.

Im Laufe des weiterführenden Trainings sollte der Reiter der Kopfhaltung seines Pferdes immer mehr Beachtung schenken. Die Mehrzahl der Pferde wird dazu tendieren, den Kopf beispielsweise bei einer Seitwärtsbewegung von rechts nach links zu nehmen. Zeigt der Pferdekopf nach links, wird die rechte Schulter frei, und das Pferd kann mit dem rechten Bein besser ausgreifen. Es wird so mehr und mehr lernen, seinen Körper über die Schulter zu schieben, und gerät damit aus der Balance. Dem Reiter wird dadurch zudem die kontrollierte Steuerung entzogen. Aus diesem Grund muß man darauf achten, daß das Pferd seinen Kopf mehr und mehr in die Bewegungsrichtung stellt. Bei einer Seitwärtsbewegung nach rechts sollte auch das Pferd zur rechten Seite hin blicken. Dem Pferd wird dies am Anfang noch schwerfallen, aber mit zunehmender Gymnastizierung und laufendem Training wird es die Seitwärtsbewegung bald in der korrekten Körperhaltung ausführen.

Die Traversbewegung

Manche Trainer lehren das Pferd zuerst die Vorwärts-Seitwärtsbewegung und gehen erst später zum reinen Seitwärtstreten über. Der Vorteil, dem Pferd zuerst Seitwärtstreten beizubringen, liegt aber darin, daß es lernt, den seitwärtstreibenden Schenkel besser zu akzeptieren. Das Verständnis ist einfach besser, wenn dem Pferd zuerst die Seitwärtsbewegung beigebracht wird. Beherrscht das Pferd die Seitwärtsbewegung, akzeptiert es kompromißlos den seitwärtstreibenden Schenkel. Damit ist die Vorwärts-Seitwärtsbewegung oder das Schenkelweichen kein Problem mehr.

Diese Vorwärts-Seitwärtsbewegung wird natürlich zuerst wieder im Schritt, später im Trab trainiert. Der Vorwärtsschwung muß stets erhalten bleiben, wenn der seitwärtstreibende Schenkel eingesetzt wird und man das Pferd damit von der geraden Linie in die Vorwärts-Seitwärtsbewegung schiebt. Jetzt muß man ganz besonders darauf achten, daß das Pferd im Körper gebogen bleibt und Hals und Hüfte etwas in die Bewegungsrichtung nimmt. Auch hier wird das Pferd dazu tendieren, den Kopf in die andere Richtung zu nehmen, weil es ihm leichter fällt, seinen Körper über die Schulter zu schieben.

Darum wird mit dem inneren Zügel leichter Kontakt zum Pferdemaul aufgenommen, damit das Pferd den Kopf nicht entgegen der Bewegungsrichtung stellt. Das Gewicht liegt bei jeglicher Seitwärtsbewegung außen, also auch hier. Das Pferd läuft quasi vom Reitergewicht weg, anders ausgedrückt: Der Reiter schiebt das Pferd mit seinem Gewicht weg. Der äußere Steigbügel wird belastet und der äußere Schenkel so weit zurückgenommen, daß man Einfluß auf die Hüfte des Pferdes bekommt.

Die Traversbewegung ist eine hervorragende „Trockenübung" und Vorbereitung für eine Vielzahl von Reining-Manövern, da sie vornehmlich die Hüfte unter Kontrolle bringt. Außer für den fliegenden Galoppwechsel ist diese Übung darum natürlich ebenso fürs korrekte Angaloppieren nützlich und selbstverständlich für jede Art von Drehung.

Speziell bei der Drehung hilft die Vorwärts-Seitwärtsübung, daß der innere Hinterfuß stationär bleibt. Die Traversale, wie sie in erster Linie in der klassischen Dressur genannt wird, ist eine der wichtigsten Korrektur- und Vorbereitungsübungen für den Reiner.

Wer in seinem Trainingsprogramm der Traversale besondere Beachtung schenkt, hat es später bei den Drehungen, beim richtigen Angaloppieren sowie bei den fliegenden Galoppwechseln leichter. Der *Two track* erhöht die Schenkelakzeptanz enorm und lehrt das Pferd, seine Beine zu sortieren.

Aufbautraining

Hat ein Pferd das Basistraining erfolgreich durchlaufen, hat man schon die halbe Miete. Dies ist der Zeitpunkt, an dem man sichergehen kann, ob ein Pferd für die Reiningdisziplin geeignet ist oder ob man es besser für eine andere Westernreitdisziplin einsetzt. Ein Pferd, das die Grundschule der Reiningdisziplin durchlaufen hat, ist rittig genug, um in jeder anderen Disziplin weitergeschult zu werden, denn es ist ein Pferd, das gut an den Hilfen steht, gehorsam, aufmerksam und arbeitswillig ist. Mit fortschreitender Ausbildung differiert das Training für die verschiedenen Disziplinen zunehmend, so daß nun viele Ausbildungs- und Trainingsschritte zwar für das Reining-Training maßgeblich sind, jedoch keineswegs für ein Pleasure- oder Trailpferd gelten müssen. Die meisten „Endmanöver" einer Reining kommen in den anderen Disziplinen nicht mehr zur Ausführung, im Gegensatz zu den vorbereitenden Übungen der Basisarbeit. In jeder Horsemanship-, Pleasure- oder Trailaufgabe wird beispielsweise das konsequente Anhalten aus jeder Gangart verlangt. Sogar ein Freizeit- und Geländepferd muß dieses Manöver auf jeden Fall beherrschen, um einen sicheren Freizeitpartner abzugeben. Das konsequente Anhalten ist aber auch ein Manöver, das das Reiningpferd als vorbereitende Aufgabe für den späteren *Sliding stop* absolvieren muß.

Wendungen auf der Hinterhand sind für jedes Westernpferd ebenfalls ein wichtiger Ausbildungsfaktor. Ganz besonders muß sie das Trailpferd beherrschen. Das Reiningpferd schaltet nun beim *Spin* eine Stufe höher, während dies für das Trailpferd nicht notwendig ist, für das ab sofort andere Kriterien gelten, die für die Perfektionierung der Manöver wichtig sind. Hierzu zählt beispielsweise die absolut korrekte Ausführung einer Hinterhandwendung, bei der das Pferd die Beine zentimetergenau auf den Boden setzen muß und sich nicht leisten kann, mit dem inneren Hinterbein erneut aufzufußen, denn dabei könnte es schon an die am Boden liegenden Stangen anschlagen, durch die es manövriert werden soll. Wenn dagegen ein Reiningpferd bei der Hinterhandwendung neu auffußt, ist das kein Problem, solange es mit der Hinterhand nicht direkt wegläuft. Hier ist in Zukunft das Entwickeln der Geschwindigkeit wichtig.

Alle folgenden Trainingsmanöver zielen direkt auf die Aufgaben eines Reiningpferdes ab, das erfolgreich auf dem Turnier starten soll. Da die Reining*pattern* allein aus der Gangart Galopp besteht, laufen die Manöver auch in der Regel aus dem Galopp oder im Galopp ab. Das Basistraining aber bezieht zusätzlich die Gangarten Schritt und Trab mit ein, um dem Pferd vor allem zuerst einen Bewegungsablauf klar werden zu lassen und um auf die Korrektheit der Ausführung Wert legen zu können.

Geschwindigkeitskontrolle (Speed control)

Die Kontrolle der Geschwindigkeit ist ein wesentlicher Bestandteil in der Ausbildung eines Reiningpferdes. Ihre Bedeutung wird allerdings von vielen Reitern unterschätzt. Wenn ein Pferd gut an den Hilfen steht, was nach erfolgreichem Durchlaufen der Basisarbeit vorausgesetzt werden kann, ist die Geschwindigkeitskontrolle eigentlich nur noch ein Nebenprodukt des Trainings. Darum wird derjenige Reiter, dessen Pferd perfekt auf das Aufbautraining vorbereitet worden ist, nicht mehr allzuviel Zeit für die Geschwindigkeitskontrolle aufwenden müssen.

Während die Kontrolle der Geschwindigkeit innerhalb einer Gangart für ein Trailpferd sowohl im Schritt als auch im Trab und im Galopp von Bedeutung ist, das Pleasurepferd ebenfalls in allen Gangarten gefordert ist, vornehmlich aber im verstärkten Trab (= *Extended jog* – die Trabverstärkung wird vom Richter sehr gerne verlangt, um die besten Reiter für die Plazierung besser aussieben zu können), ist sie beim Reiningpferd nur im Galopp von Bedeutung.

Temporegulierung

Ein durchlässiges Pferd steht jederzeit gut an den Hilfen und läßt sich in jeder beliebigen Gangart verlangsamen oder beschleunigen. Voraussetzung hierfür ist aber, daß das Pferd ständig unter der Kontrolle des Reiters bleibt, wie schnell es auch ist. Darum ist es wichtig, daß man mit dem Training zur *Speed control* erst dann beginnt, wenn das Pferd tatsächlich in allen Punkten an den Hilfen steht, dabei im Genick nachgibt und geschmeidig auf Schenkel-, Zügel- und Gewichtshilfen reagiert. Nur dann wird es sich ohne wesentlichen Aufwand von einer Gangart in die nächstniedrigere bringen lassen oder eben die jeweilige Gangart entsprechend verlangsamen.

Der Übergang von einer hohen Geschwindigkeit in eine niedrigere gestaltet sich in der Regel schwieriger als umgekehrt. Das liegt daran, daß es viele Pferde gibt, die lieber vor dem Schenkel davonlaufen, als kontinuierlich und gerne auf bremsende Signale einzugehen. Darum sieht ein Teil der Reining-Prüfung auch vor, daß das Pferd innerhalb des Galopps, der normalerweise auf Zirkeln unterschiedlicher Größe stattfindet, den Übergang vom schnellen in einen langsamen Galopp zu zeigen hat, denn nur hier kann der Richter beurteilen, wie gut sich das Pferd kontrollieren läßt. Da man beim schnellen Galoppieren Gefahr läuft, den Fluchtinstinkt des Pferdes auszulösen, ist es ratsam, mit der *Speed control*, das heißt, mit extrem schnellem Galopp, erst dann zu beginnen, wenn das Pferd hundertprozentig unter der Kontrolle des Reiters ist.

Es gibt keine eindeutige Definition, wie schnell das Pferd in der hohen Geschwindigkeit gehen soll und wie langsam in der niedrigen. Je klarer der Geschwindigkeitsunterschied sichtbar wird, desto eindrucksvoller wirkt es auf Richter und Zuschauer. Wenn das Pferd jedoch dazu neigt, ab einer gewissen Geschwindigkeit davonzulaufen, das heißt, unkontrollierbar zu werden, ist es besser, lediglich darauf zu achten, daß ein Geschwindigkeitsunterschied erkennbar ist. Es ist viel wichtiger, die Kontrollierbarkeit eines Pferdes zu erhalten, als nach einem Zirkel in hohem *Speed* über Gebühr an den Zügeln ziehen zu müssen, um das Pferd wieder zu verlangsamen. Das Pferd braucht deshalb keineswegs an die Grenzen seiner Leistungsfähigkeit zu gehen und in Höchstgeschwindigkeit zu rennen. Es stellt sich für den Richter immer positiver dar, wenn ein Pferd mit weicher Anlehnung beziehungsweise ohne wesentlichen Aufwand von hoher Geschwindigkeit in ein langsames Tempo gebracht werden kann.

Die besten Pferde für die Geschwindigkeitskontrolle sind eher diejenigen, die sich grundsätzlich lieber treiben lassen. Pferde, die eher stets gebremst werden müssen, kann man nie in hoher Geschwindigkeit laufen lassen, weil sie dann leicht außer Kontrolle geraten. Mit solchen Pferden ist es sehr schwierig, während einer Reiningprüfung eine beeindruckende *Speed control* zu demonstrieren. Bei Pferden, die bei der kleinsten Schenkelberührung sofort Geschwindigkeit aufnehmen wollen, sollte man darum sehr vorsichtig sein. Es kann sich dabei um schenkelflüchtige Pferde handeln, die bei einem Schenkeldruck überreagieren und versuchen, sich dem Training zu entziehen, indem sie einfach rennen.

Will man innerhalb einer Gangart die Geschwindigkeit verringern, nimmt man mit den Schenkeln den Druck vom Pferd weg. Das Pferd wird hierbei auf eine passive Hilfe (Wegnehmen des Schenkels) und nicht auf eine aktive Hilfe (zum Beispiel das Annehmen des Zügels) langsamer.

Mit Pferden, die man eher treiben als bremsen muß, läßt sich darum eine bessere Geschwindigkeitskontrolle aufbauen. Beschleunigt wird das Pferd durch beidseitigen Schenkeldruck: Je stärker der Druck, desto höher die Geschwindigkeit. Sobald man aufhört zu treiben, schaltet auch das Pferd von selbst wieder ab und wird langsamer. So kann man sich den Zügeleinsatz eventuell gänzlich sparen.

Als Ausgangsbasis der Geschwindigkeitskontrolle dient immer ein ruhiger, kontrollierter und rhythmischer Galopp, aus dem man Geschwindigkeit aufbauen oder abbauen kann. Die Geschwindigkeit sollte beim Beschleunigen stetig schneller werden, das Pferd sollte aber nicht abrupt davonspringen, was geschieht, wenn man zu schnell zu hart mit den Schenkeln einwirkt und damit eine Schenkelflucht provoziert.

Das Pferd darf niemals mit einer Hilfe überfallen werden, sonst kann es nicht unter der Kontrolle des Reiters bleiben. Genauso soll das Pferd umgekehrt nicht plötzlich abstoppen und dabei möglicherweise die Hinterbeine in den Boden rammen, bevor es in langsamerem Tempo weitergaloppiert. Auch die Drosselung der Geschwindigkeit soll deshalb nicht überfallartig vor sich gehen. Man sollte sich ungefähr die Strecke von einem Viertel Zirkel geben, um von der Ausgangsgeschwindigkeit in die Endgeschwindigkeit zu wechseln. Das Beschleunigen oder Verlangsamen geschieht dabei nicht ruckartig, dafür aber kontinuierlich und kontrolliert.

Mögliche Probleme

Man erkennt im Grunde sehr früh, ob ein Pferd in der *Speed control* Probleme hat. Pferde, die gut im Gleichgewicht gehen, langsam und im Rhythmus galoppieren, haben normalerweise keine Probleme. Mit Pferden aber, die nach einer Galopphilfe davonstürmen und versuchen wegzulaufen, daher ständig mit dem Zügel in einem bestimmten Tempo gehalten werden müssen, um nicht auseinanderzufallen oder schneller zu werden, wird man nie eine anständige Geschwindigkeitskontrolle aufbauen können. Solche Pferde kommen im allgemeinen als Reiningpferde nicht in Frage.

Folgenden Satz kann man sich als Leitgedanken merken: Kontrolle geht vor Geschwindigkeit. Das gilt übrigens nicht nur für die Reining, sondern für die Reiterei im allgemeinen. Das ist auch der Grund, warum man ein Pferd niemals in seiner eigenen Geschwindigkeit gehen lassen darf. Das Pferd muß vielmehr immer in der Geschwindigkeit laufen, die der Reiter vorgibt. Sonst „erzieht" man sich ein Pferd, das nur noch unkontrolliert davonprescht.

Wenn ein Pferd von einer schnellen Geschwindigkeit auf Zurückverlagern des Gewichts und weiches Annehmen des Zügels nicht zu verlangsamen ist, hat der Reiter ein Problem. Dieses Problem ist jedoch in den Griff zu bekommen, sofern das Pferd grundsätzlich bereit ist, sich treiben zu lassen. Dabei läßt man das Pferd, wenn es sich in höherer Geschwindigkeit befindet und nicht abschalten will, einfach eine Zeitlang weiterlaufen. Dies geschieht meist so lange, bis man das Gefühl hat, daß es von sich aus gerne abschalten möchte. Gerade dann aber sollte man dem Pferd nicht gestatten, langsamer zu werden, sondern man behält das Tempo bei oder forciert sogar die Geschwindigkeit ein wenig und läßt das Pferd noch einige Runden weiterlaufen. Danach bietet man dem Pferd durch Zurücknehmen des Gewichts und das Unterlassen der treibenden Hilfe an, langsamer werden zu dürfen. Auf diese Weise wird das Pferd schnell lernen, die Aufforderung zum Langsamerwerden anzunehmen. Dies ist in jedem Fall die geeignetere Methode, besser, als das Verlangsamen durch Ziehen am Zügel zu erzwingen.

Dennoch gibt es Situationen, in denen man darum nicht herumkommt. Diese zweite Stufe gibt einem die Sicherheit, daß man wirklich Kontrolle über die Geschwindigkeit hat. Dabei wird das Pferd nicht nur aufgrund der Gewichtshilfe und durch Unterlassen der treibenden Hilfe aufgefordert, das Tempo zu drosseln, sondern man nimmt langsam den *Slack* aus den Zügeln. Hierbei sollte das Pferd abrupt abschalten. Es darf auch übertrieben reagieren und dabei stoppen. Ignoriert das Pferd das weiche Annehmen des Zügels, wird der *Slack* komplett aus dem Zügel genommen. Die Zügel werden ruckartig angenommen, womit man das Pferd hart abbremst. Anschließend läßt man es im Schritt in kleinen Zirkeln weitergehen. Dies wird so oft wiederholt, bis das Pferd auf ein leichtes Annehmen des Zügels sofort reagiert. Sensible Pferde werden in den meisten Fällen dabei einen Stop einleiten, doch dies kann einem allemal recht sein, zumal es leichter ist, ein Pferd vorwärtszureiten, als es zu bremsen.

In jedem Fall muß beim Pferd immer die Bereitschaft vorhanden sein, auf das Annehmen des Zügels die Geschwindigkeit zu verlangsamen. Viele Reiter machen ihre Pferde „heiß", indem sie sie unkontrolliert laufen lassen. Diese sind dann immer schwerer zu bremsen. Das Problem des Davonstürmens kann aber auch im Temperament eines Pferdes begründet liegen. Dann muß man abwägen, ob durch ein vernünftiges Training das Problem in den Griff zu bekommen ist oder ob man das Pferd lieber aus dem Reiningtraining ausschließt.

Um schon bei einem jungen Pferd mögliche Probleme erkennen zu können, ist es keineswegs notwendig auszuprobieren, wie das Pferd reagiert, wenn man es zu hoher Geschwindigkeit antreibt. Sobald das junge Tier in einem gemäßigten Grundtempo rhythmisch, gleichmäßig und entspannt galoppieren kann, weiß man, daß die Grundvoraussetzungen für eine entsprechende *Speed control* vorhanden sind. Die *Speed control* wird immer dem Talent des Pferdes entsprechend ausgeführt. Das Manöver schreibt lediglich vor, daß ein deutlicher Unterschied in der Geschwindigkeit erkennbar sein muß. Wie beim *Sliding stop* keine Mindestlänge vorgeschrieben ist, gibt es auch bei der *Speed control* keine Mindest- oder Höchstgeschwindigkeit.

Es genügt, vom langsamen Galopp zum Trab oder Schritt überzugehen, um die Bereitschaft oder das Talent für die *Speed control* bei einem – vor allem jungen – Pferd auszutesten. Wenn das Pferd diesbezüglich keine Schwierigkeiten macht, wird es auch bei der später geforderten *Speed control* keine Probleme bereiten. Wie bei allen anderen Manövern gilt auch bei der *Speed control*, daß man sich erst im Aufbautraining an eine höhere Geschwindigkeit heranwagt.

Das Wechseln der Geschwindigkeit ist eine Sache, die man gut und gerne auch bei passender Gelegenheit im Gelände trainieren kann. Im Herbst kann man Stoppelfelder für das Zirkeltraining benutzen, welches die *Speed control* mit einschließt. Aber auch auf Wald- und Feldwegen kann die Geschwindigkeitskontrolle abgefragt werden. Das Pferd sollte ungeachtet der Umgebung immer kontrollierbar bleiben. Es darf keine Rolle spielen, ob man sich

Das Pferd hat die Aufforderung zum Langsamerwerden nicht befolgt: Kay Wienrich „parkt" das Pferd abrupt, um ihm seinen Wunsch deutlich zu machen.

auf dem Reitplatz, in der Halle oder im Gelände bewegt. Man darf nie das Gefühl haben, daß einem das Pferd weglaufen möchte, wobei man dann über die Zügel kräftemäßig einwirken müßte, um das Pferd zu verlangsamen.

Es kann Probleme geben, das Pferd in der Geschwindigkeit genau zu kontrollieren, wenn man im Gelände anstatt auf einem Zirkel auf einem Weg reitet, der geradeaus führt. Wie eingangs erwähnt, ist der Zirkel für das Pferd eine Art „Weglaufsperre“, da es sich dabei immer im Kreis bewegt und praktisch nicht vom Fleck kommt. Vom psychischen Standpunkt aus kann es auf einem Zirkel nicht weglaufen, also läßt sich ein Pferd auf einem Zirkel in der Regel viel besser regulieren als auf einer geraden Strecke.

Wenn ein Pferd im Gelände nun die Hilfe zum Langsamerwerden nicht sofort befolgt, ist das kein Beinbruch. Man muß akzeptieren, daß das Pferd im Gelände vielerlei Eindrücken ausgesetzt ist und darum nicht so aufmerksam gehen wird wie in einer Halle. Dennoch sollte das Pferd wenigstens nach wiederholter Aufforderung das Tempo reduzieren. Geschieht dies nicht, darf man sich nicht scheuen, seinen Wünschen deutlich Nachdruck zu verleihen, indem man das Pferd „parkt“, das heißt, abrupt zum Stillstand bringt und damit auch die Aufmerksamkeit wiederherstellt.

Der fliegende Wechsel

Der fliegende Wechsel ist ein Reiningmanöver, das man schon der „hohen Schule“ zurechnen kann. Während diese Aufgabe in der konventionellen Reitweise erst ab Klasse M gefordert ist, sollen Westernpferde den fliegenden Wechsel bereits in der Einsteigerklasse ausführen können.

Für ein athletisches und optimal veranlagtes Pferd ist der fliegende Galoppwechsel meistens kein Problem, denn schon im zarten Fohlenalter kann man die Pferde auf der Weide dabei beobachten, wie sie selbständig und noch ohne Reiter den fliegenden Wechsel beim Herumtollen ausführen. Allerdings kann man nicht immer grundsätzlich davon ausgehen, daß ein Pferd, das beim Freilaufen fliegende Wechsel mehr oder weniger korrekt ausführt, dies folglich unter dem Sattel ebenso tun wird. Die Voraussetzung dazu ist eventuell gegeben, aber es folgt nicht zwangsläufig daraus, daß solch ein Pferd unter dem Sattel niemals Schwierigkeiten mit dem fliegenden Galoppwechsel bekommt. Andererseits kann genauso zutreffen, daß Pferde beim Freilaufen verhältnismäßig oft im Kreuzgalopp gehen, unter dem Reiter aber durchaus sichere Wechsler sein können. Um dies effektiv beurteilen zu können, sollte man abwarten, bis das Pferd eine Zeitlang geritten wurde.

Dennoch kann der fliegende Wechsel ein kritisches Manöver werden, da viele Faktoren eine Rolle spielen, wenn das Pferd unter dem Reitergewicht auf Kommando umspringen soll. Durch die Summierung von Fehlern kann man ein Pferd auch nachhaltig verderben, und es kann schwierig werden, ein Pferd auf dem Turnier gut zu showen, wenn es beim Galoppwechsel Probleme macht. Deshalb sollte man bei der Ausbildung und beim Training des Galoppwechsels sehr bedacht vorgehen.

Der Naturwechsler

Zunächst einmal benötigt man für ein erfolgreiches Reining-Training ein Pferd, das optimal veranlagt ist. Eine ideale Veranlagung schließt mitunter den sogenannten Naturwechsler mit ein, also ein Pferd, das bei einem Richtungswechsel im Galopp in der Schwebephase gleichzeitig vorne und hinten selbständig umspringt. Sobald ein Pferd problemlos zirkelt, den Rechts- und Linksgalopp auseinanderhalten kann und gut an den Hilfen steht, kann man austesten, ob das Pferd ein Naturwechsler ist. Hierzu reitet man auf einem Rechtszirkel im korrekten Galopp an und wechselt über die Mitte auf den Linkszirkel. Genauso wechselt man ausgehend vom Linksgalopp auf dem Linkszirkel in den Rechtszirkel. Auf beiden Seiten testet man zwei- bis dreimal. Springt das Pferd dabei jedesmal gleichzeitig vorne und hinten selbständig um, kann man sicher gehen, daß man einen Naturwechsler unter dem Sattel hat. Es zeigt, daß das Pferd auf jeden Fall koordiniert genug und physisch in der Lage ist, den Galopp zu wechseln.

Die zweite Möglichkeit ist, daß das Pferd beim Austesten gar nicht wechselt und nach der Richtungsänderung im Außengalopp weiterläuft. Dies ist aber nicht die schlechteste Alternative, denn wenn es athletisch und trainierbar genug ist, kann man ihm den Wechsel durch deutliche Hilfe jederzeit antrainieren. Das Pferd kann nämlich durchaus wechseln, sobald es in eine andere Position gebracht wird. Voraussetzung allerdings ist, daß es sich bei dem Pferd um einen guten Beweger handelt, der gleichmäßig ausbalanciert und im Gleichgewicht galoppieren kann.

Der dritte Fall ist der ungünstigste: wenn das Pferd nur vorne wechselt. Es springt in den Kreuzgalopp und zeigt, daß es sich darin durchaus wohl fühlt, wenn es ihn über mehrere Galoppsprünge beibehält. Solch ein Pferd ist in der Regel dann nicht koordiniert genug. Das heißt aber noch lange nicht, daß es keinen Galoppwechsel lernen kann. Dazu muß es aber ein guter Beweger sein und insgesamt vorteilhafte Eigenschaften für ein Reiningpferd mitbringen. Ein Pferd, das gerne in den Kreuzgalopp wechselt, zeigt zumindest, daß es in der Lage ist, einen Kreuzgalopp zu gehen, und dies ist verständlicherweise unerwünscht. Der Kreuzgalopp ist ein sehr häufig vorkommender Fehler. Dabei läßt das Pferd entweder die Schulter in den neuen Zirkel fallen, oder aber es ist in der Hüfte so fest, daß es den Schenkel nicht akzeptiert und damit nicht in der Lage ist, die Hüfte nach innen in den neuen Zirkel zu bringen und mit der Hinterhand den Galopp zu wechseln.

Als Reiter kann man sich im Prinzip glücklich schätzen, wenn man einen Naturwechsler unter dem Sattel hat. Dennoch kann es passieren, daß ein Pferd, das selbständig den Galopp wechselt, im Laufe des Trainings, mit zunehmender Durchlässigkeit, plötzlich Probleme mit dem Wechseln bekommt. Das ist einfach zu erklären, denn das Pferd wechselt im allgemeinen von sich aus den Galopp, weil es sich im Außen- oder Kreuzgalopp unwohl fühlt. Mit zunehmender Gymnastizierung und Beweglichkeit verschwindet die Verspanntheit, und das Pferd kann auch sehr gut im Außen- oder Kreuzgalopp Zirkel laufen, ohne daß es ihm unbehaglich wird.

Man kann sich also nicht darauf verlassen, daß ein Naturwechsler auch ein solcher bleibt. Deshalb sollte man auch in diesem Fall das Trainingsprogramm für den fliegenden Wechsel genauso durchziehen wie bei einem Pferd, das bisher nie selbständig gewechselt hat. Es kommt im Training außerdem die Schwierigkeit hinzu, daß ein Naturwechsler dazu neigt, den Punkt des Galoppwechsels selbst zu bestimmen und nicht auf die Hilfen des Reiters zu warten. Ein Pferd darf aber niemals dem Reiter eine Hilfe vorwegnehmen, gleich in welchem Manöver, denn dies führt dazu, daß das Pferd zum einen nicht mehr unter der Kontrolle des Reiters steht, und zum anderen, daß das Pferd zu schlampen beginnt und die Manöver von Mal zu Mal unsauberer ausführt. Der Galoppwechsel ist also wie jedes andere Reiningmanöver zu betrachten, dessen Bewegungsablauf durch gezieltes Training langsam, aber kontinuierlich aufgebaut werden muß, wobei das Pferd die Hilfen für jede einzelne Körperbewegung zu akzeptieren hat. Der Galoppwechsel darf da keine Ausnahme sein, nur weil das Pferd den Wechsel selbständig anbietet.

Auch wenn man in der glücklichen Lage ist, einen Naturwechsler unter dem Sattel zu haben, ist es vorteilhaft, selbst mit diesem Pferd das gewöhnliche Training für den fliegenden Galoppwechsel durchzuziehen. Mit zunehmender Gymnastizierung und besserer Beweglichkeit kann es nämlich auch dem Naturwechsler plötzlich nicht mehr unangenehm sein, im Außen- oder Kreuzgalopp zu gehen.

Mittel und Wege

Da bei der Hilfe zum Galoppwechsel der Schenkeleinsatz Priorität hat, besteht für viele Reiter die Problematik darin, daß ihre Pferde die Hilfen zum Wechseln damit quittieren, daß sie zu rennen beginnen. Dies geschieht dann, wenn das Pferd die Hilfen zum Galoppwechsel nicht richtig versteht. Anstatt auf Schenkeldruck die Hüfte in Richtung des neuen Zirkels zu schieben, verstehen sie den Druck als treibende Hilfe und beschleunigen. Das Problem entsteht vor allem auch dann, wenn immer über den Mittelpunkt gewechselt wird, also dort, wo der Wechsel in der Reiningpattern stattfindet. Die Pferde wissen, daß an diesem Punkt der Sporeneinsatz kommt, und versuchen sich davor zu schützen, indem sie wegrennen. Nichts lernt ein Pferd schneller, als auf diese Art ein Manöver vorwegzunehmen. Es flüchtet quasi über den Wechsel, und dies ist ein Problem, das nur sehr schwer wieder in den Griff zu bekommen ist. Der Galoppwechsel wird deshalb schon aus diesem Grund nur selten am Mittelpunkt, dem Wechselpunkt innerhalb einer Reiningprüfung, trainiert.

Statt dessen führt man das Pferd über folgenden Weg zum fliegenden Wechsel: Angenommen, man möchte aus dem Rechtsgalopp auf dem Zirkel rechter Hand zu einem Linksgalopp auf einen Zirkel linker Hand wechseln. Zur Erinnerung: Das Pferd ist dabei auf die Zirkellinie eingestellt. Der Pferdekopf zeigt leicht nach innen, die Biegung des Halses setzt sich bis zur Schweifrübe analog der Zirkellinie fort, was bedeutet, daß die Hüfte ebenfalls leicht nach innen gestellt ist – in diesem Fall nach rechts.

Man galoppiert das Pferd nun aus dem Rechtszirkel in einen Zirkel nach links, jedoch ohne einen Galoppwechsel zu vollziehen. Das heißt aber auch, daß der ehemals äußere Schenkel, der auf dem Linkszirkel zum inneren Schenkel wird, weiterhin Kontakt zum Pferd behält. Hiermit wird dafür gesorgt, daß das Pferd die Hüfte nicht nach innen – in diesem Fall nach links – bringen kann, sondern die Hüfte rechts behält und somit auch im Rechtsgalopp bleibt. Ebenso wird der Kopf in der Rechtsstellung gehalten, die dann auf dem Linkszirkel zur Außenstellung wird. Das Pferd galoppiert auf diese Weise rechtsgestellt auf dem Linkszirkel. Dies ist für viele Pferde

a) sehr unangenehm und
b) besonders anstrengend,

was die Tiere dazu animiert, den Galopp zu wechseln. Entweder sie wechseln den Galopp selbständig und zwar fliegend, was ein gutes Zeichen ist, oder aber sie fallen in den Trab, um dann erneut und richtig anzugaloppieren. Diese Situation ist ebenfalls nicht unwillkommen, denn das Pferd zeigt damit zunächst einmal, daß es den Außengalopp als unkomfortabel empfindet. Wenn er dem Pferd die Gelegenheit gibt, in den richtigen Galopp zu wechseln, kann der Trainer also damit rechnen, daß es das Angebot auch annehmen und wechseln wird.

Zunächst einmal galoppiert man, solange das möglich ist, einige Runden im Außengalopp und wechselt wieder zurück auf den Rechtszirkel. Nun kann sich das Pferd wieder entspannen, weil es den

Rechtsgalopp auf der richtigen Seite als angenehmer empfindet. Man wechselt einige Male den Zirkel, bleibt aber im gleichen Galopp. Wenn man sich nun dazu entschließt, den Galopp zu wechseln, sollte man ihn nicht auf dem Zirkel wechseln. Hierzu galoppiert man von einem Zirkel im Außengalopp geradlinig auf die ganze Bahn und leitet den Galoppwechsel vor der Ecke ein. Der linke Schenkel muß vor dem Wechsel vom Rechts- in den Linksgalopp jedoch immer noch die Hüfte rechts behalten, und die Zügel müssen die Außenstellung aufrechterhalten. Vor der Ecke nun, bei der das Pferd relativ scharf nach links abwenden muß, gibt man mit dem ehemals äußeren Schenkel die Hüfte frei, so daß das Pferd diese nach links, also nach innen, in die neue Richtung bringen kann. Zugleich wird der Pferdekopf von außen nach innen gestellt. Zusätzlich legt man den neuen äußeren, in diesem Fall rechten, Schenkel etwas zurückversetzt an, um die Hüfte nach innen zu drücken. Wenn das Pferd durchlässig genug ist, um dem Schenkel auch im Bereich der Hüfte zu weichen, werden die meisten Pferde vorne und hinten simultan wechseln. Die anschließende Linkskurve hilft dem Pferd zusätzlich dabei umzuspringen. Nach dieser Methode hat das Pferd nicht selbständig, sondern infolge der Reiterhilfe gewechselt.

Das Pferd lernt, daß ein Galoppwechsel nicht zwingend in der Bahnmitte stattfinden muß, sondern überall auf dem Reitplatz gefordert werden kann. Es hat somit keine Gelegenheit, den Galoppwechsel vorwegzunehmen. Zudem wird das Pferd zum Galoppwechsel animiert, da der Außengalopp anstrengend ist, so daß es froh ist, wenn es umspringen darf. Dies trifft um so mehr zu, je kleiner die Galoppzirkel gehalten werden. In der Regel steht dem Reiter eine 20 x 40 Meter große Halle zur Verfügung, die dafür gut geeignet ist, da hier die Zirkel relativ klein gehalten werden müssen.

Das Wechseltraining ist auf junge Ausbildungspferde genauso anwendbar wie auf bereits versierte Reiningpferde, denen das Manöver in der Regel leichtfällt. Sie lernen dabei, daß ein bestimmter Galopp nicht unbedingt mit der Richtung gleichzusetzen ist, in die man reitet. Das bedeutet, daß das Pferd auf der linken Hand jederzeit erwarten muß, daß es sowohl links als auch rechts angaloppiert werden kann. Theoretisch kann man auf dem Linkszirkel rechts angaloppieren, oder man fordert einen Linksgalopp und geht auf einen Rechtszirkel. Genausogut kann man den Zirkel beliebig wechseln, ohne zugleich auch den Galopp zu wechseln. Der anspruchsvollste Test ist dabei, von einem Außengalopp in den anderen Außengalopp zu wechseln. Dies ist alles möglich, sobald das Pferd gelernt hat, daß es sich bei einem Galoppwechsel genauso um ein Manöver handelt wie beispielsweise bei einem Stop oder *Spin*. Dies führt dann auch dazu, daß das Pferd ebenso zuverlässig auf einer geraden Linie wechselt.

Der Wechsel am Mittelpunkt der Reitbahn sollte im Training nicht allzu oft ausgeführt werden. Wenn aber im Training oder auf dem Turnier ein Wechsel von einem Zirkel zum anderen geritten werden soll, muß darauf geachtet werden, daß das Pferd beim Umspringen immer geradegestellt ist. Oft versucht der Reiter, sein Pferd in den anderen Galopp „herumzuwerfen". Da das Pferd auf diese Weise aber niemals vom Genick bis zum Schweifansatz geradegerichtet ist, kann es keinen Wechsel vollziehen. Bestenfalls wechselt das Pferd nur vorne und hat ansonsten viel damit zu tun, sein verlorenes Gleichgewicht wiederzufinden. Wechselt man von einem Linkszirkel auf einen Zirkel rechter Hand, muß das Pferd aus der Linksstellung im Mittelpunkt der Arena zuvor geradegestellt werden. In diesem Moment kann es simultan mit der Vor- und Hinterhand vom Linksgalopp in den Rechtsgalopp wechseln. Nach dem Galoppwechsel wird das Pferd nun nach rechts – in die neue Richtung – gestellt. Geradegestellt wird das Pferd, wenn man noch einen Viertel- oder Achtel-Zirkel bis zur Bahnmitte zu absolvieren hat. Je kleiner der Zirkel, desto schwieriger ist das Manöver. Da die meisten Reiter zu Hause einen kleineren Trainingsplatz zur Verfügung haben als die Arena auf dem Turnier, wird die Vorbereitung auf den Galoppwechsel und damit der Wechsel selbst sehr viel besser funktionieren.

Die meisten Pferde merken sehr schnell, daß sie nach dem Geradestellen einen Galoppwechsel in der Mitte auszuführen haben. Deshalb besteht die Gefahr, daß sie dem Reiter das Manöver vorwegnehmen. Darum sollte der Reiter des öfteren das Pferd gerade – respektive nach außen – stellen und in der Außenstellung auf dem gleichen Zirkel weitergaloppieren lassen. Das Pferd geht dabei auf einem Linkszirkel im Linksgalopp, aber in der Außenstellung, der sogenannten Conterbiegung. Erst nach der zweiten oder dritten Runde veranlaßt man das Pferd nun tatsächlich zu wechseln. Das ist zwar eine etwas übertriebene Maßnahme, sie gewährleistet aber, daß das Pferd sich im entscheidenden Moment geradestellen läßt, dem äußeren Zügel und Schenkel weicht und letztendlich den Galoppwechsel auf den Punkt genau ausführen kann.

Kommt man in der Conterbiegung beispielsweise aus dem Linkszirkel zum Mittelpunkt und will den Galoppwechsel nun ausführen, wird der rechte Schenkel, der am Gurt angelegt das Pferd praktisch in der Mittelhand „hohl" gemacht hat, weggenommen. Die Zügelhand achtet darauf, daß die Schulter senkrecht bleibt, während man den äußeren (linken) Schenkel zurücknimmt und die Hüfte in den neuen Zirkel hineinbringt. In diesem Moment findet der Galoppwechsel statt. Sobald das Pferd über den Mittelpunkt gut wechselt, wird der Galoppwechsel über die Mitte nur noch kurz vor dem Turnier zur Kontrolle ausgeführt.

Zudem empfiehlt es sich, das Pferd nach erfolgtem Galoppwechsel von einem Zirkel auf den anderen immer durchzuparieren und den neuen Zirkel im Schritt zu vollenden. Das Pferd soll dabei lernen, nach dem Galoppwechsel nicht schneller zu werden, sondern in gemäßigtem Tempo auf die weiteren Anweisungen des Reiters zu warten. Außerdem verhindert das Durchparieren zum Schritt nach dem Wechsel, daß das Pferd lernt, über den Wechsel zu stürmen. Zudem findet das Pferd nach einem gelungenen Galoppwechsel in der Schrittphase eine wohlverdiente Verschnaufpause.

Wenn es nicht funktioniert

Wenn ein Pferd nun immer noch Schwierigkeiten beim Galoppwechsel hat, wird es wohl kaum jemals ein zuverlässiger Wechsler werden. Meistens haben solche Pferde Koordinationsprobleme, die nichts damit zu tun haben, daß sie vielleicht nur nicht wollen. Eher ist es bei diesen Pferden so, daß sie geradezu darauf erpicht sind, alles richtig zu machen. Dabei werden sie nervös, weil sie selbst erkennen, wenn ein Wechsel nicht funktioniert hat, und aus lauter Nervosität machen sie noch mehr Fehler. Hier besteht dann zusätzlich die Gefahr, daß die Pferde über den Wechsel rennen, dabei über die Schulter fallen und letztendlich über einen Kreuzgalopp nicht hinauskommen. Es empfiehlt sich dann auf jeden Fall, längere Zeit den Galopp nicht fliegend, sondern einfach zu wechseln. Mit zunehmendem Training, das die Gymnastizierung und damit die Koordination fördert, kann zu einem späteren Zeitpunkt der fliegende

Kay Wienrich und The Hollywood Man *wechseln vom Linkgsgalopp in den Rechtsgalopp.*

Wechsel noch einmal versucht werden. In vielen Fällen klappt es dann besser.

Es gibt auch noch einige Eselsbrücken und Tricks, die manchen Pferden helfen, den fliegenden Wechsel zu erlernen. Man kann sie ausprobieren, aber der Erfolg ist zweifelhaft. Jedenfalls kann man sich nicht darauf verlassen, daß das Pferd den Wechsel dann immer korrekt ausführt, und das kann man sich bei einem Turnierpferd nicht leisten. Ein Pferd, das erfolgreich in Turnierprüfungen eingesetzt werden soll, muß zuverlässig wechseln, doch viele Tricks, die ein Pferd zum fliegenden Wechsel veranlassen sollen, reichen dafür oftmals nicht aus. Es kann sein, daß das Pferd hie und da einen Wechsel springt, doch hundertprozentig sicher sein kann man sich dessen nicht, zumindest nicht auf dem Turnier.

Man kann es aber zur Unterstützung dennoch versuchen, über eine Sprungstange, ein kleines Hindernis oder ein Cavaletti zu wechseln. Manche Reiter lassen ihr Pferd auch geradlinig auf die Reithallenbande laufen, wenden kurz vorher scharf ab und hoffen, daß das Pferd dadurch in den richtigen Galopp springt. Erfolgversprechender erscheint die Methode, das Pferd eine Weile Seitengänge, insbesondere Travers, gehen zu lassen, was die Akzeptanz des äußeren Schenkels erhöht. Oft ist nämlich die fehlende Schenkelakzeptanz der Grund für den Kreuzgalopp, da das Pferd seine Hüfte nicht in die neue Bewegungsrichtung schiebt und deshalb mit der Hinterhand nicht umspringt.

Man sollte versuchen, den Grund herauszufinden, warum ein Pferd Probleme beim Galoppwechsel hat, denn erst dann ist es möglich, diese Probleme eventuell zu lösen. Es gibt viele Pferde, die zwar beispielsweise einen Galoppwechsel von rechts nach links machen können, jedoch beim Wechsel von links nach rechts Probleme haben. Hier weiß man, daß das Pferd einseitig veranlagt ist und es sich eigentlich nur um ein Trainingsproblem handelt, das man mit Gymnastizierung beziehungsweise der gleichmäßigen Ausbildung beider Körperhälften im Laufe der Zeit beseitigen kann.

Wenn ein ansonsten sehr gutes Turnierpferd lediglich bei den Wechseln seine Probleme hat, kann man nur beten, daß das Pferd hoffentlich in der Prüfung wechselt. Sollte es einen Galoppwechsel vermasseln (innerhalb von 1/4 Zirkel), hat ein gutes Pferd immer noch die Chance, bei den anderen Manövern zu punkten und so die Scharte auszuwetzen. Ein solches „Risiko" einzugehen lohnt sich aber nur bei Pferden, die in den anderen Manövern wirklich überdurchschnittlich gut sind. Sonst wird man ein derartiges Pferd niemals auf die ersten Plätze reiten können. Dennoch sollte man solch ein Pferd im Training nicht ständig mit dem Galoppwechsel konfrontieren, mit dem es Schwierigkeiten hat. Damit kann man dem Pferd den Spaß an der Arbeit schnell vermiesen, und es dauert sicher nicht lange, bis das Pferd sauer geritten ist.

Es ist selten, daß ein Pferd in den anderen Manövern hervorragend ist, aber überhaupt keinen fliegenden Wechsel zustande bringt. Sollte dies aber dennoch der Fall sein, wird das Pferd niemals Chancen auf vordere Plätze haben, weil der Galoppwechsel einfach ein zu elementarer Teil einer Reiningprüfung ist.

Wenn ein Wechsel einmal funktioniert und beim nächsten Mal wieder nicht, ist das kein Grund, panisch zu werden. Sollte man jetzt wie verrückt am Wechsel trainieren, kann man zuviel kaputt machen. Man sollte dem Pferd Zeit lassen, das Manöver zu lernen. Wenn ein Pferd grundsätzlich ein guter Beweger ist, eine kadenzierte und ausgewogene Galoppade hat, links und rechts herum ohne Probleme galoppieren kann und beim Anlegen des entsprechenden Schenkels mit der Hüfte weicht, wird das Pferd keine Probleme mit dem Wechsel haben, vorausgesetzt, der Reiter gibt ihm genügend Zeit, das Manöver zu lernen. Eine Schwierigkeit beim Erlernen des Galoppwechsels besteht darin, daß das Manöver im Galopp stattfindet und der Reiter deshalb mit dem Fluchtinstinkt des Pferdes konfrontiert wird. Wenn dazu die Hilfen nur ungenau übermittelt werden, kann das Pferd unsicher oder ängstlich werden, was den Fluchtinstinkt auslösen kann. Aber auch übermäßiger Sporeneinsatz, mit dem versucht wird, den Galoppwechsel zu erzwingen, tut dazu das seine.

Es kann verschiedene Ursachen haben, wenn ein Pferd im Training einmal nicht wechselt, obwohl es den Wechsel beherrscht. Vielleicht war es gerade abgelenkt und nicht konzentriert genug, oder aber etwas anderes hat den Bewegungsablauf gestört. In solch einem Fall ist es ratsam, kein Aufhebens davon zu machen, sondern durchzuparieren und neu anzufangen. Mit Gewalt kann dagegen niemals etwas erreicht werden, es wäre also unsinnig, mit hartem Sporeneinsatz den Galoppwechsel erzwingen zu wollen. Wenn das Pferd einmal Angst vor dem Manöver hat und anfängt, vor den Sporen davonzulaufen, hat man ein wirkliches Problem, denn dieser Fehler ist sehr schwer zu beheben und benötigt viel Zeit. Meistens gewinnt das Pferd kein Vertrauen mehr in dieses Manöver, und obwohl man sehr viel Zeit geopfert hat, das Pferd wieder „geradezubiegen", hat dies keinen Erfolg. Das kann sehr frustrierend sein. Es ist deshalb ratsam, an den Galoppwechsel sehr vorsichtig heranzugehen, nichts erzwingen zu wollen und das Training nicht zu übertreiben.

Den größten Erfolg erzielt man beim Training des fliegenden Galoppwechsels, wenn man den Wechsel nicht über die Mitte der Arena trainiert, wie er auf dem Turnier gefordert wird, sondern verstärkt an der Schenkelakzeptanz arbeitet, Traversalen reitet und an unvorhergesehenen Stellen wie beispielsweise auf der Geraden den Galopp wechselt. Dies ist die sicherste Methode, damit einem das Pferd die Hilfen nicht vorwegnimmt, dadurch Fehler macht und möglicherweise außer Kontrolle gerät.

Sollte das Pferd nun aber überhaupt keine Anzeichen machen, den Galopp wechseln zu wollen, ist es besser, einen Profi zu fragen, der sich täglich mit vielen Pferden auseinandersetzen muß und unter Umständen Rat geben kann. Zumindest kann er ziemlich sicher sagen, ob es das Pferd ist, das Schwierigkeiten hat, oder ob der Reiter die Fehlerquelle ist. Sicherlich gibt es Pferde, denen das Manöver des Galoppwechsels ein Buch mit sieben Siegeln ist. Ein solches Pferd sollte man aber auch nicht quälen und den Galoppwechsel erzwingen wollen. Für den ehrgeizigen Turnierreiter ist es in diesem Fall sicherlich besser, wenn er sich nach einem anderen Turnierpartner umsieht.

Mit einem fertig ausgebildeten Turnierpferd, das in der Lage ist, alle Reiningmanöver – einschließlich des Galoppwechsels – nahezu perfekt auszuführen, sollte man nun nicht eine Reining*pattern* nach der anderen durchreiten. Das wäre ein großer Fehler. Vielmehr geht es darum, das Pferd lediglich fit zu halten, indem man beispielsweise Übungen im Contergalopp macht oder andere gymnastizierende Übungen. Das Pferd wird dann sicherlich jederzeit über die Mitte turniermäßig wechseln.

Der Sliding stop

Voraussetzungen

Wenn ein Pferd das Anhalten aus jeder Gangart beherrscht, wie es im Basistraining beschrieben wurde, sind die Voraussetzungen für das Training des *Sliding stop* geschaffen. Dazu gehört schon beim simplen Anhalten, daß das Pferd ein weiches

Ima Sanpeppy Smoke *hat die Voraussetzungen, um sich für einen Sliding stop „zusammenzufalten".*

Maul hat, im Genick nachgibt und die Schenkelhilfe zu 100 Prozent akzeptiert, und genau dies sind auch die primären Voraussetzungen für den *Sliding stop*. Ebenso muß sichergestellt sein, daß das Pferd gelernt hat, in jeder Gangart entsprechend zu verlangsamen oder zu beschleunigen. Nur ein Pferd, das konsequent in jeder Gangart und Geschwindigkeit unter der Kontrolle des Reiters steht, bringt auch die notwendigen Grundvoraussetzungen für den Stop mit. Es muß ebenso für die versammelnde Hilfe bereit sein und sich mit den Schenkeln gegen das Gebiß reiten lassen wie auf Zügeleinwirkung mit der Nase anstandslos nachgeben.

Weitere Voraussetzungen sind ein geeigneter Boden, auf dem das Pferd rutschen kann. Ideal ist ein Boden mit einem harten Untergrund und einer sogenannten Führschicht obendrauf, die aus einer lockeren Sandschicht besteht.

Um ein optimales Sliden zu ermöglichen, ist außerdem ein entsprechender Beschlag erforderlich. Es ist jedoch nicht ratsam, junge Pferde zu früh mit einem Standard-Sliding-Beschlag für Turnierpferde auszustatten, denn „zuviel Eisen" kann bedeuten, daß das Pferd beim Galoppieren auf dem Zirkel Probleme bekommt, weil es wegrutscht. Außerdem kann das Pferd vor dem Rückwärtsrichten Angst bekommen, weil ihm die Beine zu weit unter den Bauch gleiten und es dabei die Balance verliert. Dasselbe geschieht dann auch während des Stops, der bei einem jungen Pferd noch in der Entwicklungsphase steckt, so daß es dieses Manöver noch nicht sicher genug ausführen kann. Folglich wird das Pferd auch vor dem Stop Angst bekommen und nur noch sehr zögerlich an dieses Manöver herangehen. Junge Pferde beschlägt man darum am besten mit einem 3/4 Zoll breiten Eisen, das genug Huf frei läßt, um dem Pferd ein griffiges Gefühl zu verschaffen.

Selbstverständlich muß auch die Veranlagung des Pferdes so beschaffen sein, daß sie spektakuläre *Sliding stops* zuläßt. Ohne die mentale Bereitschaft des Pferdes, sich trainieren zu lassen und damit stoppen zu wollen, wird man auch mit idealen äußeren Bedingungen kaum jemals gute *Sliding stops* zustande bringen. Die Veranlagung hierzu kann bereits während der Basisarbeit ermittelt werden und muß bei einem Pferd, das man dem *Sliding stop*-Training unterziehen will, auf jeden Fall vorhanden sein.

Es ist wichtig, daß die eben genannten Voraussetzungen erfüllt sind, denn ein Pferd, das sich beim Stoppen weh tut, weil der Boden zu schlecht ist, oder das Angst vor dem Stop bekommt, weil es zu früh mit breiten Eisen beschlagen worden ist, wird beim Stoppen niemals mehr eine hundertprozentige Leistung erbringen können. Mit solchen Fehlern handelt man sich Probleme ein, die nur sehr schwer zu lösen sind.

Derartige Fehler sind bislang recht häufig gemacht worden, und auch jeder professionelle Trainer hat sicherlich damit seine Erfahrungen schon erweitert. Ein kluger Reiter lernt aus diesen Fehlern und versucht sie zu vermeiden, bevor er sich mit langwierigen Korrekturmaßnahmen herumschlagen muß. Jeder Profitrainer wird bestätigen können, daß jegliche vermeintliche Abkürzung im Training eines Pferdes letzten Endes doch ein Umweg war. Es ist deshalb immer von Vorteil, sich bei der Ausbildung eines Pferdes in Geduld zu üben und die bestmöglichen Voraussetzungen für ein erfolgreiches Training zu schaffen.

Zwischen Weite und Ästhetik

Zunächst einmal sollte definiert werden, wie ein guter *Sliding stop* auszusehen hat. Besonderen Wert legt man natürlich auf die Weite eines Stops, also wie weit ein Pferd dabei auf der Hinterhand rutscht. Je weiter ein Pferd slidet und je aktiver es mit der Vorhand dabei mitläuft, desto besser.

Die Weite allein ist aber heute nicht mehr maßgeblich. Wichtiger als die Weite ist die Form, *wie* ein Pferd stoppt. Wenn ein Pferd ästhetisch mit tiefem Kopf und lockerer Vorhand und dabei aus hoher Geschwindigkeit weit und spektakulär zu stoppen vermag, ist dies überragend. Dennoch muß ein Pferd keine Distanz von 15 Metern sliden, um gut bewertet zu werden. Ein Pferd, das „nur" sieben Meter weit rutscht, wobei der Stop aber ausgewogen und harmonisch abläuft, erhält mehr Punkte als ein Pferd, das 15 Meter weit slidet, dafür aber die Nase in die Luft hält und dabei vielleicht noch ein offenes Maul hat. Für den Reiter ist es also nicht wichtig, in erster Linie auf die Weite zu achten. Es ist vorteilhafter, mehr Wert auf die Ästhetik zu legen. Die Distanz wird sich im Laufe des Trainings, das mit der langsamen Erhöhung der Geschwindigkeit einhergeht, von selbst einstellen.

Wie bereits erwähnt, ist für den Stop ein Pferd notwendig, das von seiner mentalen Einstellung her stoppen *will*. Meistens sind dies Pferde, die – wie auch in der *Speed control* – lieber langsam gehen wollen. Die beste Eignung haben darum Pferde, die ein ausgeglichenes Gemüt haben und ein gutes Maul mitbringen. Pferde, die gerne rennen, werden zwar einen guten Anlauf zustande bringen, dabei aber schon häufig aus der Kontrolle des Reiters geraten und schließlich nur sehr schwer zu bremsen sein. Dabei ist der Reiter dann nicht mehr weit davon entfernt, das Pferd durch harte Zügeleinwirkung mit Gewalt stoppen zu müssen. Und genau dies muß bei einem sauberen und korrekten Stop vermieden werden.

Es kann nicht oft genug wiederholt werden, daß ein Stop niemals durch Zügeleinwirkung erzwungen werden kann.

Kay Wienrich und Ima Sanpeppy Smoke *bei einem vorbildlichen Sliding stop: Die Hinterhand des Pferdes ist gut untergesetzt, die Vorhand mobil, das Pferd hat einen entspannten Gesichtsausdruck, die Ohren sind zum Reiter zurückgerichtet, und der Zügel ist lose.*

Das werden die Hilfen zum Stop noch einmal verdeutlichen:

- Das Pferd wird im Galopp mit den Schenkeln gegen die Hand getrieben (ein Zug findet nicht statt!). Dabei versammelt sich das Pferd, es gibt mit der Nase nach und schiebt die Hinterhand unter den Körper.
- Zum Anhalten wird nun der Schenkeldruck gelöst; die Beine werden vom Pferd deutlich weggenommen.
- In dem Augenblick, in dem man nun im Sattel von hinten nach vorne rutscht, friert man die Galoppbewegung ein – man sitzt gegen die Bewegung.
- Die Zügelhand bleibt unverändert in der Position, in der man sie hatte, als das Pferd mit den Schenkeln gegen das Gebiß getrieben wurde.
- Das plötzliche Unterbrechen der Galoppbewegung und das Unterlassen der treibenden Schenkelhilfen sowie die verhaltende Hand sorgen dafür, daß das Pferd stoppt.

Unmittelbar nach dem Anhalten, das mit dem stimmlichen Kommando „*Whoa*" unterstützt wird, richtet man das Pferd rückwärts. Das Pferd verbindet auf diese Weise das Wort „*Whoa*" mit dem Gedanken rückwärtszugehen. Dies hat den Vorteil, daß die Stops sicherer werden. Ein „Austrudeln" wird verhindert, und die Hinterhand schiebt sich vermehrt unter den Körper. Zum Rückwärtsrichten genügen einige Schritte, diese sollten jedoch mit dem Stop zusammen einen flüssigen Bewegungsablauf darstellen. Noch während das Pferd in der Hüfte abgeknickt ist, muß die Rückwärtsbewegung eingeleitet werden. Es wäre dagegen sinnlos, wenn sich das Pferd zwischenzeitlich aufgerichtet hätte und zum Rückwärtsrichten die Hinterhand erneut untersetzen müßte.

Sobald man das Gefühl hat, daß das Pferd in der Lage ist, harmonisch zu stoppen, ist es bei einem talentierten Pferd nur noch eine Frage der Zeit, bis es auch eine weitere Distanz slidet. Der Reiter braucht sich nur noch in Geduld zu fassen und darauf zu warten, daß das Pferd lernt, sich auszubalancieren, und immer größere Distanzen im *Sliding stop* zurücklegt. Dies ist dann der Fall, wenn das Pferd grundsätzlich das Kommando „*Whoa*" versteht, wenn es nicht mehr aus dem Gleichgewicht kommt und die Hinterhand weder zuwenig noch zu weit unter den Körper schiebt, so daß es weder auf die Vorhand fällt noch in der Schulter zu leicht wird. Bei lockerer, gut mitlaufender Vorhand, tiefer Nase und gut untergesetzter Hinterhand ist das Pferd so weit, daß es auf Geschwindigkeit gehen kann und somit die Voraussetzungen für weitere *Slides* erfüllt.

Run down und Fencing

Der *Run down* ist vereinfacht gesagt der Anlauf zum Stop. Er stellt damit die Vorbereitung zum *Sliding stop* dar, weil im *Run down* die Geschwindigkeit entwickelt wird, die für einen langen *Slide* notwendig ist. Darum ist der *Run down* genauso wichtig wie der eigentliche Stop. Ein guter *Run down* läßt sich beim sogenannten *Fencing* trainieren.

Zu diesem Zweck galoppiert man von einem Ende der Arena zum anderen, und zwar in unterschiedlichem Tempo. Einmal fängt man langsam an und steigert die Geschwindigkeit kontinuierlich, ein andermal galoppiert man schnell und verlangsamt bis zum Reitplatzende. Genausogut sind Varianten möglich, bei denen man beispielsweise schnell startet, in der Mitte der Arena verlangsamt und zum Ende des Reitplatzes wieder beschleunigt. Entscheidend ist, daß man die Geschwindigkeit nicht nur bei der Zirkelarbeit, sondern auch beim *Run down* immer kontrollieren kann. Dies ist besonders wichtig, da die Gefahr besteht, daß das Pferd lernt, von einem Ende der Arena zum anderen zu rennen, weil es weiß, daß es am Ende gestoppt wird. Dabei sieht man häufig, daß Pferde völlig unkontrolliert durch die Bahn laufen. Diese Pferde stoppen zwar am Ende der Reitbahn, doch längst nicht besonders gut, und wenn diese Pferde in der Bahnmitte stoppen müßten, dann könnten sie vermutlich auch nicht über die Zügeleinwirkung vernünftig gebremst werden, geschweige denn einen schönen *Sliding stop* zustande bringen. Die Kontrollierbarkeit der Geschwindigkeit ist darum ganz besonders wichtig, denn erst dann kann der *Run down* dem Stop zuträglich sein. Ein unkontrollierter „Anlauf" dagegen macht jeden Stop zunichte.

Beim *Fencing* wird das Pferd gegen den Zaun getrieben. Zu Anfang wird sich das Pferd weigern, nahe an den Zaun heranzugaloppieren, und wird versuchen, entweder nach rechts oder links auszuweichen. Erst wenn das Pferd einen Stop erwartet und dabei oft genug gegen den Zaun getrieben worden ist, wird es diesem nicht mehr auszuweichen versuchen. Sobald das Pferd so weit ist, daß es der Reitbahnbegrenzung nicht mehr ausweicht und im *Run down* in der Geschwindigkeit zu kontrollieren ist, kann man damit beginnen, die Distanz im Stop zu erweitern.

Um eine weitere Strecke zu rutschen, ist eine höhere Anlaufgeschwindigkeit Voraussetzung. Man fängt am unteren Ende der Reitbahn an und galoppiert kontinuierlich schneller werdend zum anderen Ende. Kurz bevor man den Zaun erreicht, leitet man wie gewohnt den Stop ein, indem man aufhört zu treiben, den Bewegungsrhythmus einfriert und das Stimmkommando „*Whoa*" gibt. Den Rest erle-

Fencing: The Hollywood Man *wird in der letzten Phase des Fencing durch den Zaun ohne reiterliche Einwirkung gestoppt.*

digt nun der Zaun: Die optische Barriere bringt das Pferd dazu, mit der Hinterhand weit unterzugreifen und zu stoppen. Der Vorteil dieser Methode liegt darin, daß man das Pferd im Maul nicht anfassen muß.

Damit das Pferd den Stop nicht vorwegnimmt, ist es ratsam, nicht immer erst am Ende der Arena zu stoppen. Wie bei jedem anderen Manöver muß auch aus diesem Grund die Stelle, an der eine Übung stattfindet, ständig gewechselt werden. Deshalb verlangt man zwischendurch auch Stops in der Mitte der Reitbahn oder nach zwei Drittel der Strecke. Man kann auch schon nach zwei oder drei Galoppsprüngen stoppen. Das Pferd muß wissen, daß ein Stop immer und überall erfolgen kann. Es orientiert sich dabei nach hinten und wartet auf den Stop. Es kann zwar einmal passieren, daß es den Stop früher ansetzt, als man es als Reiter will, doch dies ist nicht so schlimm, als wenn es bis zum Ende der Arena rennt und vorher nicht zu bremsen ist.

Das *Fencing* dient in erster Linie dazu, dem Reiter den Zügeleinsatz so weit wie möglich zu ersparen. Pferde, die im Maul zu früh angefaßt werden, stoppen in der Regel sehr hart und erreichen dadurch nicht die Distanz, die sie vielleicht erreicht hätten, wenn sie mit minimalem Zügeleinsatz ausgekommen wären. Zusätzlich tendieren solche Pferde eher dazu zu „grätschen“: Sie rutschen nicht mit den Beinen parallel, sondern die Hufe driften V-förmig auseinander. Damit sind keine sehr langen *Slides* möglich. Das Pferd muß den Stop abbrechen und gegebenenfalls neu ansetzen.

Auch Pferde, die leicht kuhhessig oder zehenweit stehen, sind Kandidaten dafür, beim Stop zu grätschen. Das kann durch einen entsprechenden Beschlag etwas

Kay Wienrich und The Hollywood Man *demonstrieren einen perfekten Sliding stop.*

kompensiert werden, indem die Eisen so untergenagelt werden, daß die Hufspitze in der Mitte des Eisens gerade in „Fahrtrichtung" steht. Dies hilft dem Pferd, gerade zu stoppen. Die Beinstellung ist aber häufig nicht ausschlaggebend dafür, daß das Pferd grätscht. Sehr oft liegt dies an der übermäßigen Zügeleinwirkung des Reiters.

Ein Pferd, das – aus welchen Gründen auch immer – hart stoppt, verliert an Distanz und wird dann grätschen. Harte Stopper kommen dafür aber mit fast jedem Boden zurecht. Pferde, die gut in der Lende abknicken und den Rücken hergeben, können bei guten Böden mit sehr viel Form weite Distanzen rutschen. Sie sind aber auch in der Lage, auf tiefen Böden relativ spektakulär zu stoppen.

Wenn ein Pferd in der Vorhand etwas steif ist und nicht so gut mitläuft, kann das ebenfalls ein Resultat von zu harter Zügeleinwirkung sein. Solche Pferde sind dann meistens auch unnachgiebig im Genick. Beim Stop nehmen sie in der Regel den Kopf hoch. Man versucht dann am besten, diese Pferde wieder weichmäulig zu bekommen, oder aber man vermittelt ihnen den Eindruck, in der Vorhand mobil bleiben zu müssen. Das geschieht, indem man während des Stops, sobald das Pferd die Hinterhand untergesetzt hat und anfängt zu rutschen, einen Zügel annimmt, das Pferd um 180 Grad in die entgegengesetzte Richtung dreht und es aus dem Stop heraustraben läßt. Wenn man dies zu beiden Seiten hin konsequent verfolgt, wird das Pferd lernen, daß es unmittelbar nach dem Stop die Richtung ändern muß. Um diese Richtungsänderung sofort vollziehen zu können, wird das Pferd versuchen, mit der Vorhand möglichst dicht am Boden zu bleiben. Diese Übung erhöht die Mobilität der Vorhand enorm.

Es gibt noch eine andere Methode, die allerdings mit etwas Vorsicht zu genießen ist. Hierbei läßt man das Pferd durch einen leichten Schenkeldruck während der Stop-Phase geradlinig aus dem Stop heraustraben.

Dies birgt natürlich die Gefahr in sich, daß das Pferd die Hilfen zum Stop nicht mehr ernst genug nimmt. So kann man dabei auch kontraproduktiv einwirken, doch viele Pferde sprechen sehr gut auf diese Methode an und lernen, in der Vorhand mobil zu bleiben. Im Grunde genommen wird dem Pferd nichts anderes vermittelt, als während des Stop-Vorgangs mit der Vorhand im Trabrhythmus weiterzulaufen.

Keine Mechanik der Welt kann ein Pferd zu einem zuverlässigen Stop zwingen, geschweige denn zu einem *Sliding stop*, wie er auf dem Turnier gefordert ist. Weder Gebiß noch Zäumung können das Pferd dazu bringen, entsprechend zu stoppen. Nur wenn ein Pferd stoppen *will*, kann der Reiter diese Bereitschaft durch entsprechendes Training fördern. Das Ergebnis kann ein ästhetischer *Sliding stop* sein, den Reiter und Pferd als Team zusammen erarbeitet haben.

Ein fertig trainiertes Pferd, das gelernt hat, gut zu stoppen, muß wie für alle anderen Manöver auch frisch gehalten werden. Das heißt, es darf nicht durch unsinniges, häufiges Wiederholen eines bestimmten Manövers sauer geritten werden, was zusätzlich dazu verleitet, daß das Pferd die Übungen vorwegnimmt und diese dann nur noch schlampig und fehlerhaft ausführt. Es ist darum wichtig, daß ein Pferd

Eine Möglichkeit, dem Pferd beizubringen, beim Stop in der Vorhand mobil zu bleiben: Das Pferd wird durch Vorneigen des Oberkörpers und Einsatz der Schenkel weitergetrieben und aus dem Stop herausgetrabt.

nicht jeden Tag in die Bahn geholt wird und seine 20 Stops absolvieren muß. Das Training muß vielseitig gestaltet werden, wozu auch das *Fencing* gehört. Dabei muß das Pferd nicht immer vor dem Zaun gestoppt werden, man kann es auch einmal auslaufen lassen, nachdem man von einer Seite der Reitbahn zur anderen galoppiert ist. Das Pferd lernt dabei einfach, die ganze Distanz gehen zu müssen, ohne daß es dabei die Möglichkeit bekommt, einen Stop vorwegzunehmen, weil der Reiter zwischendurch auch einmal überhaupt keinen Stop fordert.

Im Verlauf einer Trainingseinheit wird man oft dazu verleitet, häufiger einen *Sliding stop* zu verlangen, vor allem dann, wenn ihn das Pferd schon sehr gut ausführt. Der Grund ist logisch: Es macht einfach Spaß, mit einem guten Reiningpferd zu sliden. Will man aber noch lange Freude an seinem Pferd haben, sollte man daran denken, daß jedes Pferd nur ein bestimmtes Potential an guten *Sliding stops* hat. Spart man im Training mit Höchstleistungen und arbeitet lieber an einer fundierten Basis, erhält man sich sein Pferd für Turniere länger frisch.

Schon ein Marker in der Reiningprüfung kann den Pferden als Signal dienen, das ihnen sagt, wo der Stop stattfinden soll. Es ist außerdem zu vermuten, daß ein Pferd sich sogar an den Rutschspuren der Pferde orientiert, die vor ihm in der Bahn waren, und genau weiß, daß hier der Stop erfolgen soll. Das allein ist Gefahr genug, daß ein Pferd die Manöver vorwegnimmt. Deshalb sollte man dem Pferd im Training keine Gelegenheit dazu geben.

Es ist sehr wichtig, darauf zu achten, daß das Pferd auf das Reitersignal wartet, bevor es ein Manöver ausführt. Bei älteren, erfahrenen Pferden erreicht man dies dadurch, daß man mit ihnen konsequent das *Fencing*programm durchzieht. Um ein Pferd frisch zu halten, reicht es, wenn man beispielsweise aus dem Zirkel in der Mitte stoppt, denn ein Pferd, das gelernt hat zu stoppen, wird dies nicht wieder verlernen. Je öfter ein Pferd zu Hause aber gestoppt wird, desto abträglicher ist dies dem Konzept, ein Pferd für den Turnierbetrieb frisch zu halten.

Der Roll back

Als einzelnes Manöver kann man den *Roll back* eigentlich nicht bezeichnen, denn der *Roll back* ist immer ein Folgemanöver vom Stop. Es ist zwar möglich, den *Roll back* auch aus dem Stand auszuführen, doch kommt dies in einer Reiningprüfung nie vor, und auf dem Turnier werden der *Run down*, Stop und *Roll back* als ein Manöver bewertet. Für ein Rinderpferd ist nach einem Stop eine 180-Grad-Wendung eines der wichtigsten Elemente bei der Rinderarbeit. Die einzelnen Manöver und Aufgaben eines *Cowhorse* sind in der Reining verfeinert wiedergegeben, so daß sich der *Roll back* als eigenständiges Manöver herauskristallisiert hat, obwohl er immer in Zusammenhang mit dem Stop steht.

Die Voraussetzungen, die ein Pferd mitbringen muß, um den *Roll back* erlernen beziehungsweise ausführen zu können, sind stets die gleichen, die auch für andere Manöver gelten: Es muß in erster Linie den Schenkel akzeptieren, weichmäulig auf den Zügel reagieren und schließlich natürlich auch mentale Bereitschaft zeigen, dem Willen des Reiters nachzukommen.

Der Bewegungsablauf

Bevor das Training für den *Roll back* aufgenommen wird, sollte das Pferd den Stop solide beherrschen, denn der *Roll back* ist eine konsequente Weiterführung der Übung nach dem Stop. Das Pferd wird

Roll back mit Zuhilfenahme des Zauns

nach einem Stop entweder rückwärtsgerichtet oder nach einer Richtung abgewendet, schon allein, um das Herauslaufen aus dem Stop nach vorne zu vermeiden. Der Stop an sich steht darum nie „alleine". Dem Manöver geht der *Run down* voraus, das Rückwärtsrichten oder Abwenden schließt die Übung ab. In diesem Fall wird der Stop mit dem *Roll back* beendet, einer 180-Grad-Wendung, aus der das Pferd in die entgegengesetzte Richtung herausgaloppiert.

Will man das Pferd mit dem *Roll back* bekannt machen, wendet man es zunächst gegen die Bande. Die Bande hilft dabei, daß das Pferd um 180 Grad auf dem inneren Hinterbein (das beim Stop zuvor noch das äußere war) wendet. Zuerst wird auf dem Zirkel – angenommen im Linksgalopp – geritten. In dem Moment, in dem man von der offenen Seite des Zirkels wieder zurück zur Bande kommt, leitet man den Stop ein. Es ist unbedingt darauf zu achten, daß man einen Abstand von etwa einem bis 1½ Metern zur Bande hat, während man stoppt. Nachdem das Pferd den Stop vollzogen hat, richtet man es einige Schritte rückwärts. Das Rückwärtsrichten gewährleistet, daß das Pferd sein Gewicht auf die Hinterhand legt. Ohne den Bewegungsablauf zu unterbrechen, leitet man nun die Drehung nach rechts – zur Bande hin – ein, indem man die Nase des Pferdes nach rechts stellt und die Drehung mit dem linken Schenkel und dem – nun äußeren – linken Zügel unterstützt. Sobald das Pferd eine Vierteldrehung vollzogen hat und mit dem Kopf frontal zur Bande steht, treibt man nur noch verstärkt mit dem linken Schenkel. Die Bande erledigt die Zügelarbeit. Der Zügel soll also jetzt schon wieder locker sein. Ein übermäßiger Zügeleinsatz, der auch nach abgeschlossener 180-Grad-Drehung aufrechterhalten wird, würde das Pferd überdrehen. Um genau in derselben Spur zurückzugaloppieren, müssen die Zügelhilfen bereits nach einer 90-Grad-Drehung eingestellt werden. Es arbeitet nur noch der linke (äußere) Schenkel, der das Pferd gleichzeitig dazu veranlaßt, aus der Drehung im Rechtsgalopp herauszugaloppieren.

Wenn das Pferd den Bewegungsablauf begriffen hat, kann man auf das anfängliche Rückwärtsrichten verzichten. Man leitet die Drehung unmittelbar dann ein, wenn das Pferd gestoppt, sich aber noch nicht aufgerichtet hat und die Hinterhand sich noch tief unter dem Körper befindet. Das Pferd hat dabei das Gewicht bereits auf der Hinterhand und kann in dieser Ausgangsstellung die Drehung vollziehen.

Der richtige Abstand zur Bande ist in der Lernphase des *Roll back* sehr wichtig, denn ein zu geringer Abstand führt dazu, daß das Pferd mit der Hinterhand nach rückwärts wegtreten muß, um zu drehen. Ein zu großer Abstand dagegen verleitet das Pferd, nach vorne wegzulaufen. Dabei fällt die Hinterhand aus, und das Pferd kann nicht mehr auf dem inneren Hinterfuß drehen. Das Gewicht fällt vielmehr auf die Vorhand.

Es ist bei der Ausführung des *Roll back* besonders wichtig, daß das Pferd im Galopp aus der Wendung kommt. Hierzu braucht es relativ viel Kraft in der Hinterhand, da es sich mit dieser abstoßen muß, um angaloppieren zu können. Darum muß die Hinterhand gut untergesetzt sein. Das Pferd weiß, daß es nach der Drehung im Galopp herauskommen muß. Viele Reiter lassen das Pferd nach der Wendung antraben, was aber keinen Vorteil bringt. Besser ist es, wenn es sofort angaloppiert, denn die Reiterhilfen zeigen dem Pferd durch den äußeren Schenkeldruck bereits die Gangart Galopp an.

Sobald das Pferd den *Roll back* zu beiden Seiten, nach rechts und links zur Bande hin, routiniert ausführt, geht man dazu über, den *Roll back* ohne Zuhilfenahme der Reithallenbande zu üben. Hierzu galoppiert man das Pferd durch die Mitte der Bahn und leitet nach dem vollzogenen Stop den *Roll back* ein. Sofern der Reiter die Zügelhilfe korrekt einsetzt, wird das Pferd weder überdrehen, noch nach vorne aus der Wendung herauslaufen. Das Gefühl sagt einem, wie lange die Zügelhilfe eingesetzt werden muß, um auf der gleichen Spur zurückzugaloppieren, auf der man gekommen ist.

Feinheiten

Genauso wie bei allen anderen Manövern ist es beim *Roll back* ebenfalls wichtig, daß der Reiter – obwohl der *Roll back* rasant und spektakulär ist – die Hilfen weich und einfühlsam einsetzt und dem Pferd genügend Zeit läßt, das Manöver auszuführen. Die Tatsache, daß das Manöver an sich rasant ist, rechtfertigt nicht, auch den Zügel und Schenkel „rasant“ einwirken zu lassen. Die Hilfen müssen langsam und weich kommen. Das Pferd reagiert dennoch prompt, weil es eine entsprechende Ausbildung erfahren hat. Ein Pferd reagiert nicht schnell, weil der Reiter extrem schnell mit der Hand oder grob mit dem Schenkel einwirkt, sondern weil es gelernt hat, auf eine leichte Hilfe entsprechend explosionsartig zu reagieren.

Da der *Roll back* immer mit einem Stop eingeleitet wird, lassen sich viele Pferde dazu verleiten, den *Roll back* vorwegzunehmen. Vor allem wenn der Stop parallel zur Bande ausgeführt wird, versucht das Pferd, unmittelbar nach dem Stop selbständig zur Bande hin abzuwenden. Um dies zu verhindern, beginnt man, den *Roll back* zur Mitte der Arena hin auszuführen. Dies hat zwar zur Folge, daß das Pferd im Außengalopp aus dem *Roll back* herauskommt, doch kann man diese Situation dazu benutzen, an der nächsten Ecke der Reitbahn einen fliegenden Wechsel einzubauen. Der Vorteil bei dieser Übung besteht darin, daß man – wenn das Pferd in der Prüfung möglicherweise nach einem korrekt ausgeführten *Roll back* trotzdem im falschen Galopp herausspringt – noch bevor das Pferd in die Kurve geht, den Galopp wechseln kann. Dabei wird außerdem die Aufmerksamkeit des Pferdes erhalten, weil es nie weiß, ob der Reiter es nach links oder rechts abwendet.

Man muß achtgeben, daß das Pferd den Stop nicht zwangsläufig mit einem *Roll back* – in welche Richtung auch immer – in Verbindung bringt, denn in einer Turnierprüfung ist nach dem dritten Stop immer das Rückwärtsrichten gefordert. Dabei kann es durchaus passieren, daß das Pferd zu einem *Roll back* ansetzt. Wenn es diesen dann über eine Viertel-Drehung ausführen kann, ist man *off pattern*. Abgesehen davon, daß es eine unkontrollierte Bewegung darstellt, handelt man sich in jedem Fall Fehlerpunkte ein. Von daher ist es ratsam, das Pferd nach dem Stop einige Sekunden stehen zu lassen, bevor man die Zügel zum Rückwärtsrichten aufnimmt.

Der Spin oder Turn around

Es verlangt vom Pferd ein erhöhtes Maß an Athletik und Körperbeherrschung, einen *Spin* oder *Turn around* auszuführen. Darum ist nur ein vollständig durchgymnastiziertes Pferd in der Lage, dieses Manöver zu perfektionieren. Für den Reining-Reiter ist der *Spin* ein sehr wichtiges Manöver, da er neben dem *Sliding stop* die wohl spektakulärste Aufgabe innerhalb einer Reiningprüfung ist. Der *Turn around* erfordert darum auch eine sehr umfassende Vorbereitung. Die im Basistraining erläuterte Hinterhandwendung ist der erste Schritt zum *Spin*.

Beim perfekten *Turn around* trabt das Pferd mit der Vorhand im Zweierrhythmus um die Hinterhand. Dabei soll das Pferd Hals und Kopf tief und die Nase vertikal mit einer leichten Innenstellung tragen. So sieht ein optimaler *Spin* aus, allerdings gibt es bestimmte Abweichungen, die durchaus in der Toleranzgrenze eines jeweiligen Pferdes sind und trotzdem hervorragende *Turn arounds* abgeben.

Heranführen an den Spin

Neben den primären Grundvoraussetzungen wie beispielsweise der Schenkelakzeptanz muß das Pferd den richtigen Bewegungsablauf für den *Spin* lernen. Dazu gehört eine flache Fußfolge der Vorderbeine im Zweierrhythmus ohne zu springen und das seit- und rückwärtige Auffußen des Führbeines, damit das nachfolgende Vorderbein korrekt nach vorne überkreuzen kann. Ein Pferd, das beim *Turn around* das innere Vorderbein nicht rückwärts-seitwärts, sondern vorwärts-seitwärts herausstellt, wird Schwierigkeiten haben zu überkreuzen. Es tendiert gleichzeitig dazu, die Schulter fallen zu lassen und nach vorne aus der Drehung herauszulaufen.

Wenn das Pferd nun gut vorbereitet ist, dem Schenkel anstandslos weicht, ohne Widerstand die Nase links und rechts bis zum Steigbügel nimmt und gut im Genick nachgibt, beginnt man damit, Kreise im Trab zu reiten, die immer enger werden. Diese Kreise sorgen dafür, daß das Pferd die Vorwärtsbewegung erhält, die für einen guten *Spin* absolut notwendig ist. Da das Pferd die Nase beim *Spin* in die Bewegungsrichtung, also nach innen, stellen soll, kann man den inneren Schenkel anlegen, um den Rippenkasten nach außen zu drücken und dadurch das Pferd innen „hohl" zu machen. Dabei kann es durchaus sein, daß die Hinterhand nach außen geht. Dies braucht den Reiter zu diesem Zeitpunkt jedoch überhaupt noch nicht zu stören.

Je enger nun die Kreise im Trab werden, desto stärker legt man gleichzeitig den äußeren Schenkel auf Gurthöhe an, um die Schulter des Pferdes ins Zentrum des Kreises zu treiben. Sobald das Pferd auf diesem kleinen Zirkel mit dem äußeren Vorderbein vor das innere greift, stoppt man das Pferd sofort mit dem stimmlichen Kommando „*Whoa*" und deutlichem Einsitzen. Das Pferd lernt dadurch, daß es mit einer Pause belohnt wird, sobald es sich „beeilt", in die Mitte des Kreises zu kommen. Dies geschieht am schnellsten durch das Überkreuzen der Vorderbeine. Es ist eine Methode, dem Pferd den Bewegungsablauf im *Turn around* begreiflich zu machen, denn das Traben kleiner Kreise ist doch recht anstrengend.

Nachdem das Pferd nun einige Minuten verschnaufen konnte, nimmt der Reiter den inneren Zügel etwas auf, so daß die Nase leicht nach innen gestellt ist. Das Pferd hat gelernt, sich immer in die Richtung zu bewegen, in die es blickt, darum weiß es schon, daß es sich nach innen orientieren muß. Man legt nun den äußeren Schenkel und Zügel an und versucht, das Pferd einige Tritte um die Hinterhand weichen zu lassen. Dabei achtet man darauf, daß das Pferd immer mit dem äußeren Vorderbein vor das innere tritt und nicht etwa nach hinten sackt, sich mit den Vorderbeinen streift oder gar hinter das führende Vorderbein tritt. Sollte das der Fall sein, wird das Pferd sofort wieder massiv nach vorne getrieben, und die kleinen Trabzirkel werden fortgesetzt.

Dies ist ein sehr langwieriger Prozeß, bis das Pferd den Bewegungsablauf „intus" hat, doch irgendwann wird jedes halbwegs talentierte Pferd begreifen, daß der *Turn around* eine Vorwärtsbewegung ist und daß es mit dem äußeren Vorderbein nach vorne überkreuzen muß. Wenn man konsequent nach dieser Methode verfährt, wird das Pferd lernen, sich Raum zu verschaffen, indem es das innere Vorderbein nach hinten-seitwärts stellt, um mit dem äußeren Vorderbein überkreuzen zu können.

Zu diesem Zeitpunkt ist es noch nicht

Beim Turn around muß das Pferd in der Lage sein, mit dem äußeren Vorderbein vor das innere zu treten.

wichtig, ob das Pferd mit der Hinterhand am Platz stehenbleibt oder ob es sein Gewicht auf das innere oder äußere Hinterbein legt. Viele talentierte Pferde drehen zu Beginn des Trainings überwiegend auf dem äußeren Fuß, doch ist dies keineswegs von Nachteil, denn für einige Manöver in der Working Cowhorse-Prüfung ist das Drehen auf dem äußeren Hinterbein sogar vorteilhaft.

Für den Reining-Reiter gibt es überhaupt keinen Grund, panisch zu reagieren, wenn das Pferd noch nicht auf dem inneren Hinterfuß dreht. Er muß lediglich darauf achten, daß die Vorhand einen größeren Radius beschreibt als die Hinterhand. Man kann es beispielsweise nicht akzeptieren, daß die Hinterhand ausweicht und einen größeren Radius beschreibt als die Vorhand, denn dies würde bedeuten, daß das Pferd, anstatt um die Hinterhand zu drehen, eine Vorhandwendung macht. Es ist einstweilen viel wichtiger, auf das korrekte Überkreuzen der Vorhand zu achten. Erst wenn das Pferd die Technik beherrscht, die Vorhand richtig zu plazieren, kann man daran gehen, die Geschwindigkeit zu erhöhen.

In die Geschwindigkeit gehen

Wie in allen anderen Manövern auch wird die Geschwindigkeit im *Spin* durch verstärkten Schenkeleinsatz erhöht. Beim *Turn around* wird dabei mit dem äußeren Schenkel vermehrt getrieben. Ein plötzliches, massives Herausreiten aus der Drehung im Trab, wobei man danach sofort wieder in die Drehung geht, erhöht ebenfalls die Geschwindigkeit. Eine weitere Methode besteht darin, beispielsweise Zirkel zu galoppieren, aus dem Galopp zu stoppen, sofort in ein oder zwei Drehungen zu gehen und das Pferd im Anschluß wieder herausspringen zu lassen. Das Pferd muß lernen, daß der äußere Schenkel für die Geschwindigkeit maßgebend ist. Je stärker der Schenkeldruck ist, desto schneller sollte das Pferd drehen. Um es aber noch einmal zu betonen: Wichtiger als die Geschwindigkeit sind der Rhythmus und die Technik. Erst wenn diese beiden Komponenten zu 100 Prozent optimiert sind, kann daran gearbeitet werden, die Geschwindigkeit zu erhöhen.

Beim Training des *Turn around* kommt man schneller ans Ziel, wenn man darauf achtet, daß die Vorderbeine korrekt überkreuzen. Unwichtig ist dagegen zunächst, ob das Pferd auf dem inneren Hinterbein stehenbleibt, solange die Hinterhand keinen größeren Radius beschreibt als die Vorhand.

Wenn die Arbeit an der Geschwindigkeit zu früh aufgenommen wird, fühlt sich das Pferd leicht überfordert. Dies kann sich dadurch äußern, daß es beginnt, in der Drehung seinen Zweierrhythmus aufzugeben, und anfängt zu hüpfen. Sobald es dies tut – mit der Vorhand quasi versucht, einen Galopprhythmus aufzunehmen – und nicht mehr überkreuzt, sondern mit dem inneren Fuß den Boden schon verlassen hat, bevor das äußere Vorderbein auffußt, ist dies für den Reiter ein Alarmsignal. Dann sollte man das Tempo sofort zurückschrauben, um den Fehler zu eliminieren.

Das Pferd kann bei hoher Geschwindigkeit die Schulter fallen lassen oder das innere Vorderbein nicht mehr richtig plazieren; es kann auch grundsätzlich überfordert sein, in einer hohen Geschwindigkeit zu drehen. Wenn letzteres der Fall ist, sollte man nur in der Geschwindigkeit drehen, die das Pferd anbietet und bei der es auch in der korrekten Haltung bleibt. Wenn das Pferd die Schulter fallen läßt, korrigiert man es, indem man darauf achtet, daß das Pferd zwischen den Zügeln zentriert bleibt. Man reitet das Pferd vorwärts-seitwärts und treibt es gegen das Gebiß. So nimmt es die Nase abwärts und richtet sich in der Schulter wieder auf. Solche Pferde hält man während der Drehungen dann am besten stärker versammelt.

Die wichtigsten Kriterien beim Training des *Turn around* sind, daß das Pferd
a) in der Schulter senkrecht bleibt (also nicht auf die eine oder andere Schulter fällt),
b) die Vorwärtsbewegung beibehält und
c) das innere Vorderbein nach innen-hinten plaziert.

Wenn das Pferd dies begriffen hat und zum ersten Mal eine höhere Geschwindigkeit aufnimmt, sollte man nicht zu viele Drehungen verlangen, da es dem Pferd dabei leicht schwindelig werden kann. Im Extremfall – und das ist schon öfter passiert – kann ein Pferd sogar nach vollendetem *Turn around* hinfallen. Das Pferd kann straucheln oder etwas torkelig gehen, nachdem es mehrere Drehungen in hoher Geschwindigkeit ausgeführt hat, besonders dann, wenn das Pferd nicht an höhere Geschwindigkeiten gewöhnt ist. Darum ist es ratsam, das Pferd nach dem *Spin* nicht kategorisch zu stoppen, sondern es in der Bewegungsrichtung weitertraben zu lassen.

Pivot leg verstärkt belasten

Sollte ein Pferd nach fortgeschrittenem Training immer noch auf dem äußeren Hinterfuß drehen, empfiehlt sich eine Korrektur, indem man das Pferd massiver vorwärtstreibt. Mit zunehmender Geschwindigkeit wird das Pferd in den meisten Fällen sein Gewicht automatisch auf den inneren Hinterfuß (= *Pivot leg*) verlagern. Wenn man merkt, daß das Pferd den äußeren Hinterfuß permanent belastet und den *Pivot leg* nicht unter sich nehmen will, treibt man das Pferd so aus der Drehung heraus, daß der innere Schenkel die Hinterhand entgegengesetzt der Bewegungsrichtung herausdrückt. Dies bewirkt, daß sich das Pferd auf dem äußeren Hinterfuß leicht machen und mit dem inneren Hinterfuß weit unter sich kommen muß. So läßt man das Pferd einige Runden traben, bevor man es wieder für die *Turn around* Bewegung „aufschraubt“, um im nächsten Moment sofort wieder aus der Drehung herauszureiten. Auch ist es möglich, das Belasten des inneren Hinterfußes zu forcieren, wenn man das Pferd gegen die Bande eine 180-Grad-Drehung machen läßt, um gleich darauf eine weitere 180-Grad-Drehung von der Bande weg – zur Bahnmitte – anzuschließen. Auf diese Weise kann man mehrere Drehungen hintereinander ausführen, wobei dem Reiter bei jeder zweiten Drehung die Bande zu Hilfe kommt, die dafür sorgt, daß das Pferd den inneren Hinterfuß belastet.

Nach ein oder zwei Drehungen treibt man das Pferd wieder aus der Drehung heraus, läßt es einige Schritte traben und geht anschließend wieder in eine Drehung. Dieses kurze Drehen, Heraustraben und wieder Drehen wird das Pferd dazu bringen, mehr und mehr den inneren Hinterfuß zu belasten, weil es rein vom bewegungsphysiologischen Ablauf nicht mehr in der Lage ist, das Gewicht auf den äußeren Hinterfuß zu nehmen.

Wie bereits erwähnt, braucht man sich zu Beginn des Trainings keine Sorgen zu machen, wenn das Pferd überwiegend auf dem äußeren Hinterfuß dreht. Es ist lediglich eine Sache, die man für das weiterführende Training im Auge behalten sollte. Es gibt auch keinen Grund zur Besorgnis, wenn ein Pferd beim Drehen vom inneren auf den äußeren Hinterfuß und umgekehrt wechselt. Völlig falsch dagegen ist es, wenn man sich nach innen hinten lehnt, um zu sehen, ob das Pferd

Es ist falsch, beim Spin nach innen/hinten zu sehen, ob das Pferd mit dem inneren Hinterfuß steht. Man bringt das Pferd dabei aus der Balance und kann dann keine korrekte Drehung erwarten.

auf dem inneren Hinterfuß steht. Diese unnatürliche Körperhaltung behindert das Pferd eher in seinem Bewegungsablauf, als daß sie ihm hilft. Ein Pferd kann in dieser Situation nur sehr schlecht drehen, und dem Reiter gibt es keinen Aufschluß, was mit den Vorderbeinen passiert. Beim *Turn around* ist es jedoch viel wichtiger, was die Vorhand macht, als was mit den Hinterbeinen geschieht.

Das Einleiten des Spin

Das ausgebildete Reiningpferd kann in der Prüfung nicht mit immer kleiner werdenden Zirkeln in den *Turn around* hineingeführt werden. Darum hat die Einleitung des *Spin* aus dem Stand, das *Departure*, eine genauso wichtige Bedeutung wie das *Shut off*. Wiederum ist es notwendig, dem Pferd viel Zeit zu lassen, die Hilfen zu verstehen. Ein leichtes „Wischen" mit dem äußeren Zügel am Hals des Pferdes, die allmähliche Verstärkung des äußeren Schenkeldrucks und die leichte Drehung der eigenen Körperlängsachse in die Bewegungsrichtung sind die Hilfen für die korrekte Einleitung eines *Spin*.

Das Pferd soll dabei das Anlegen des äußeren Zügels damit quittieren, daß es die Nase leicht nach innen nimmt. Sollte dies nicht der Fall sein, muß man mit dem inneren Zügel etwas nachhelfen, indem man ihn kurz und ruckartig annimmt und das Pferd daran erinnert, wohin es seine Nase zu nehmen hat, sobald es den äußeren Zügel und Schenkel spürt. Die ersten Viertel bis halben Drehungen beginnt man immer langsam und steigert die Geschwindigkeit allmählich. Unterstützen kann man die Steigerung der Geschwindigkeit durch Schnalzen mit der Zunge und einem verstärkten Druck mit dem äußeren Schenkel. Das Pferd soll nicht sofort explosionsartig schnell drehen, weil das Manöver dann meistens unkontrolliert wird und das Pferd zu hüpfen beginnt. Ein *Turn around* sollte so aufgebaut sein, daß die erste Viertel oder halbe Drehung langsam geschieht, bis der Rhythmus gefunden ist, und dann die Geschwindigkeit während der vier *Turn arounds* graduell gesteigert wird. Wenn das Pferd seine Höchstgeschwindigkeit erreicht hat, sollte es diese bis zum Ende durchhalten und dann abrupt auf den Punkt genau abstoppen.

Je versierter ein Pferd bereits im Training ist, desto mehr kann man es auf die Turniersituation vorbereiten, indem man beispielsweise fünf *Spins* links und fünf *Spins* rechts nacheinander macht. Es ist darauf zu achten, daß das Pferd die *Turn arounds* langsam und gleichmäßig beginnt und sie dann auch akzentuiert beendet. Von daher ist es nicht notwendig, ein Pferd jedesmal in Höchstgeschwindigkeit drehen zu lassen. Man kann diese Übung auch am Ende einer Trainingseinheit machen, wobei man das Pferd am langen Zügel dahinschlendern läßt, dann die Zügel aufnimmt und langsam vier Drehungen um die Hinterhand fordert. Daher kommt es nur darauf an auszutesten, ob das Pferd das Signal und die Aufforderung zum Drehen willig und widerspruchslos annimmt.

Der *Turn around* ist ein Manöver, das man eigentlich jeden Tag ins Trainingsprogramm einbauen kann. Das heißt aber nicht, daß man den *Spin* täglich in Spitzengeschwindigkeit abruft. Vielmehr bedeutet dies, die ganze Litanei der vorbereitenden Übungen wie Zirkel traben, Biegen, Vorwärts-/Seitwärtsreiten, das Hohlmachen des Rippenbogens und das versammelte Drehen durchzureiten. Mit diesen Übungen wird das Pferd nicht nur für den *Spin* geschult, sondern man erhält generell sehr viel Kontrolle über die einzelnen Körperteile des Pferdes.

Der *Turn around* ist neben dem *Sliding stop* wohl das spektakulärste Manöver einer Reiningprüfung und sicherlich das signifikanteste. Trotzdem hat man hier eine größere Variationsbreite. Ein Pferd, das passabel rhythmisch mit mittlerer Geschwindigkeit gut dreht, wird nie

Minuspunkte bekommen. Im Gegensatz zum *Spin* ist beim Stop eigentlich keine Grauzone vorhanden. Hier gibt es nur schwarz oder weiß, entweder ein Pferd stoppt, oder es stoppt nicht. Beim *Turn around* gibt es sehr wohl eine Grauzone. Es gibt viele Pferde, die drehen können, und der *Turn around* ist eigentlich ein Manöver, das man fast jedem Pferd beibringen kann, das halbwegs für Reining geeignet ist.

Aber es gibt natürlich Abstufungen: Pferde, die sehr spektakulär, tief und flach in extrem hoher Geschwindigkeit drehen können, und Pferde, die mehr oder weniger eine Pflichtübung erfüllen. Trotz allem kann man mit einem Reiningpferd, das einen durchschnittlichen *Turn around* zustande bringt, aber in allen anderen Manövern sehr gute Leistungen zeigt, durchaus gute Plazierungen erringen. Ein Pferd aber, das überhaupt keinen Stop hat, kann noch so gut drehen – mit einem solchen Tier wird man nie auf einen grünen Zweig kommen.

Es gibt auch Pferde, die überhaupt kein Talent zum Drehen haben, in allen anderen Manövern aber gut sein können. Das wird man schon sehr früh im Training feststellen können, aber auch das Gebäude wird einem geschulten Auge bereits verraten, ob ein Pferd wahrscheinlich ein guter „Dreher" wird.

Beim Training des *Turn around* ist es von entscheidender Bedeutung, daß das Pferd genügend Zeit bekommt, die Technik des Manövers zu erlernen. Beim fertig ausgebildeten Pferd ist es wichtig, die Technik zu erhalten und es durch gymnastizierende Übungen körperlich fit zu halten. Nichts wäre abträglicher, als den vierbeinigen Partner jeden Tag aus dem Stall zu holen und *Spins* zu üben, weil man meint, man könnte diese dadurch verbessern. Wie mit allen anderen Manövern auch wäre dies eine sichere Methode, ein Pferd sauer zu machen. Und wenn es einmal gelernt hat, die *Spins* zu hassen, wird es die Ohren anlegen, mit dem Schweif schlagen und zu hüpfen beginnen. Es wird auch keine große Lust mehr haben, seine Spitzengeschwindigkeit zu erreichen und das Manöver sauber auszuführen. Es wird versuchen, sich dem Manöver so gut wie möglich zu entziehen. Ein solches Pferd wird seine Übungen auf dem Turnierplatz sicherlich nicht mehr zuverlässig absolvieren.

Eindrucksvolle Fotosequenz eines Spins: Kay Wienrich mit The Hollywood Man. *Die Bewegungsphase macht deutlich, daß Kopf, Hals und Schulter in die Bewegungsrichtung gehen und der äußere Hinterfuß für die Rasanz der Drehung sorgt.*

Das Shut off

Zu jedem guten *Spin* gehört ein harmonischer Anfang, aber auch ein sauberer Abschluß, das heißt, das exakte Stoppen im Zentrum. Das Pferd darf dabei nicht überdrehen, denn ein Überdrehen wird in der Reiningprüfung mit Fehlerpunkten geahndet, sobald das Pferd über ein Achtel der Mittelachse weitergedreht hat. Das Pferd muß also lernen, auf den Punkt genau abzuschalten. Es gibt verschiedene Methoden, dies dem Pferd beizubringen und zu trainieren.

Die wahrscheinlich beste Methode ist die, in der man das *Shut off* als eigenständiges Manöver trainiert. Hierzu stoppt man das Pferd nicht aus dem *Spin*, sondern geht wieder auf kleine Trabzirkel und bringt es daraus zum Stoppen. Die kleinen Zirkel trainieren die Muskulatur des Pferdes für den *Spin*, denn es werden dabei die gleichen Muskeln beansprucht wie sie das Pferd für den *Turn around* benötigt. Auch die Technik ist die gleiche wie beim Drehen. Allerdings vermeidet man das Drehen selbst.

Man hat beim Reiten der Trabzirkel eine wunderbare Variationspalette vorrätig: An manchen Tagen läßt man das Pferd kleine Zirkel traben, wobei man lediglich darauf achtet, daß es dynamisch vorwartsgeht und mit der Vorhand gut ausgreift. In anderen Trainingssequenzen fordert man das Pferd auf, vorwärts-seitwärts zu gehen, Zirkel zu traben und alle Vorübungen auszuführen, die für einen *Turn around* wichtig sind, allerdings nie den *Spin* selber. Das *Shut off* trainiert man dann, indem man das Pferd aus dem Traben heraus mit dem stimmlichen Kommando „*Whoa*" anhalten läßt.

Der Reiter darf erwarten, daß sein vierbeiniger Partner in dem bereits erreichten Ausbildungsstand willens und fähig ist, sofort stillzustehen, sobald er das Kommando „Whoa" hört. Wenn das Pferd dies gelernt hat, läuft man nicht Gefahr, daß es den *Spin* von sich aus abbricht, was man aber immer wieder zu sehen bekommt. Dies passiert in erster Linie dann, wenn im Training zu oft gedreht und aus der Drehung heraus „abgeschaltet" wurde. Von daher ist es ratsam, das Pferd nach den *Spins* immer noch einige Zirkel weitertraben zu lassen und aus dem Trab heraus zu stoppen.

Eine andere Methode ist, einige Drehungen zu machen, zu stoppen und sofort weitere *Turn arounds* in die andere Richtung einzuleiten. Allerdings sollte man dann niemals nach vier *Spins* stoppen, weil diese Anzahl in der Turnierprüfung gefordert ist. Um ein Vorwegnehmen zu vermeiden, läßt man das Pferd zu Hause und beim sogenannten *Tuning* vor der Show immer mindestens fünfmal drehen.

Man sollte beim *Spin*-Training die Gelegenheit nutzen, auch sich selber zu schulen, damit man das Pferd beim Turnier nicht „überdreht". Hierzu dient das Mitzählen, wie viele *Turn arounds* man bereits geritten hat. Im Laufe der Zeit bekommt man ein Gefühl dafür, wann vier *Spins* zu Ende sind. Beim Showen sind viele Reiter so aufgeregt, daß sie sich verzählen oder überhaupt vergessen mitzuzählen. Ein erfahrener Reiter, der ein Gefühl für die Anzahl der *Spins* hat, kann sich das Mitzählen sogar sparen und hat den Kopf frei, um sich voll auf seine Hilfengebung und den Bewegungsablauf des Pferdes zu konzentrieren.

Es kann natürlich immer einmal vorkommen, daß man überdreht, und es sollte einen nicht verdrießen, denn das kann dem besten Reiter passieren. Schwieriger ist es, das Gefühl für die Anzahl der *Spins* zu behalten, wenn das Pferd an einer Stelle hängenbleibt und aus dem Rhythmus kommt. Gerade bei hohen Geschwindigkeiten kann es schnell passieren, daß man überdreht.

Turniertips

Für jeden ambitionierten Reiter ist ein erfolgreicher Turniertag das ersehnte Ziel unzähliger Trainingseinheiten, und natürlich möchte er möglichst die Früchte seiner Arbeit auf dem Turnier in Form einer guten Plazierung oder sogar eines Sieges ernten. Man will sein in monatelanger Arbeit auf das Turnier vorbereitete Pferd der Öffentlichkeit so beeindruckend wie möglich präsentieren. Für die meisten Hobby-Turnierreiter zählt auch die Turnieratmosphäre, das Treffen mit Gleichgesinnten und das Sammeln von Erfahrungen. Für den professionellen Turnierreiter gelten jedoch andere Prioritäten. Für ihn ist es Teil seiner Arbeit, die ihm zur Verfügung gestellten Pferde auf dem Turnier vorzustellen. Der Profi verfolgt mit einer Turniernennung jeweils bestimmte Ziele. Er will entweder Punkte sammeln oder ein verlockend hohes Preisgeld gewinnen. Für den Hobby-Turnierreiter muß dies keineswegs maßgebend sein.

Ungeachtet der Motive wird jeder Reiter versuchen, sein Pferd so beeindruckend wie möglich vorzustellen. Man kann sein Pferd aber nur jeweils nach seinen reiterlichen Möglichkeiten und der Kapazität des Pferdes vorstellen.

Immer wieder versuchen Reiter, auf dem Turnier einem imaginären Idol nachzujagen oder aber einen anderen Reiter, der auf dem Abreiteplatz besonders beeindruckt, zu schlagen. Dies würde bedeuten, daß man seinen vierbeinigen Partner über seine Fähigkeiten hinaus fordern müßte. Wenn ein Pferd zu Hause die Reiningmanöver auf einem Level ausführen kann, der auf dem Turnier eine *Score* von 72 oder 72,5 bringen würde, so muß klar sein, daß das Pferd auf dem Turnier aufgrund der nervlichen Anspannung, der ungewohnten Umgebung und ähnlicher Faktoren lediglich eine niedrigere *Score* von vielleicht 70 oder 71 Punkten erreichen kann. Nur in ganz seltenen Fällen kann ein Pferd auf dem Turnier die gleiche Leistung erbringen, die es zu Hause erzielt.

Wenn man nun auf dem Abreiteplatz ein Pferd beobachtet, das offensichtlich die Aussicht hat, eine 76er *Score* zu laufen, kann man davon ausgehen, daß es vielleicht mit 73 oder sogar 74 Punkten die Arena verläßt. Würde man nun versuchen, dieses Pferd zu schlagen, wäre man sich und seinem Pferd gegenüber schlicht und einfach ungerecht. Es könnte auch sehr leicht zum Desaster führen, da das Pferd dabei völlig überfordert werden würde.

Ein kluger Reiter baut darum auf die Fehler, die jeder machen kann. Er versucht, sein eigenes Pferd im Rahmen seiner Möglichkeiten so gut wie möglich vorzustellen. Dabei sollte es ihm gleichgültig sein, welche Leistungen andere Reiter erbringen. Würde er jedoch versuchen, einen anderen Reiter zu schlagen, der besser beritten ist, kann der Schuß leicht nach hinten losgehen und ihn an einer Plazierung vorbeikatapultieren, die er durchaus hätte erreichen können, wenn er das Pferd seinen Fähigkeiten entsprechend vorgestellt hätte. Diese Fehler machen aber leider nur allzu viele Reiter immer wieder. Es scheint eine Erfahrung zu sein, die offensichtlich jeder Reiter selber machen will.

Wenn man auf Turnieren Erfolg haben will, muß man lernen, nur für sich selbst zu reiten. Das bedeutet, daß man auf dem Abreiteplatz weder für die Galerie reitet (und dabei einen *Sliding Stop* nach dem anderen hinlegt), noch seine eigenen Erwartungen zu hoch schraubt, wenn man versucht, einem besseren Reiter nachzueifern. Vielmehr sollte man das ganze Umfeld auf dem Turnier vergessen.

Wenn man selbst in der Prüfung nicht daran denkt, daß ein Richter einen beobachtet, ist auch die Nervosität nicht so groß.

Turniervorbereitung

Auswahl der Prüfungen

Um ein Turnier wirklich genießen zu können und den gewünschten Erfolg auch möglichst zu erreichen, sollte man sich zuvor genauestens Gedanken darüber machen, für welche Prüfungen man nennt. Es ist unsinnig, sein Pferd morgens zu satteln und dann eine Prüfung nach der anderen abzujagen. Das hält das abgebrühteste Turnierpferd nicht aus. Gerade bei Allroundpferden, die an mehreren Disziplinen teilnehmen können, wird der Reiter oft dazu verleitet, sein Pferd in möglichst viele Prüfungen zu schicken. Doch selbst bei Reiningspezialisten sind mehrere Starts am Tag durchaus möglich.

Eine jugendliche Turnierreiterin kann beispielsweise mit ein und demselben Pferd in der Jugendklasse, in der Amateurklasse, in der offenen Klasse und in der Ladiesklasse starten. Sind in den verschiedenen Klassen möglicherweise noch *Go rounds* zu bestreiten, kann das Pferd permanent im Einsatz sein. Zählt man das Abreiten und Aufwärmen des Pferdes vor der jeweiligen Prüfung noch dazu, würde das Pferd dann praktisch den ganzen Tag über geritten werden. Da muß man sich fragen, wo die beim Westernreiten so viel geliebte Horsemanship bleibt!

Akzeptabel ist es, ein Pferd für maximal zwei Prüfungen am Tag zu nennen. Dabei sollte der vierbeinige Partner dann aber auch am Folgetag nicht mehr mit einer weiteren Prüfung gestreßt werden. Vernünftig wäre eine Prüfung pro Tag, die man entsprechend gut vorbereiten kann.

Zwei Prüfungen am Tag sind genug.

Dann ist es kein Problem, wenn das Pferd einen *Go round* gehen muß. Erreicht es das Finale, wird es immer noch frisch genug sein, eine gute Leistung zu bringen. Oder aber man kann eine weitere, nicht so wichtige Disziplin als Trainingseinheit nutzen. Die Anzahl der zu nennenden Prüfungen hängt natürlich auch vom Alter und von der Erfahrung des Pferdes ab.

Grundsätzlich sollen die Prüfungen, die man meldet, der eigenen Kapazität und der des Pferdes entsprechen. Ein Pferd, das zufriedenstellend in einer Novice Horse-Prüfung gehen kann, wäre in einer stark besetzten offenen Bronze Trophy-Reining sicherlich fehl am Platz. So soll auch ein Pferd, das noch nicht hundertprozentig einhändig zu reiten ist und sein Turnierdebüt gibt, in einer *Snaffle bit-* oder *Hackamore*-Klasse vorgestellt werden, sofern es den Altersbedingungen hierfür entspricht.

Es ist nicht ratsam, ein Pferd erstmals auf ein Turnier zu schicken und dann Wunderdinge von ihm zu verlangen. Eher sollte ein Pferd, vor allem wenn es sein erstes Turnier bestreitet, unterfordert sein, weil es dabei ein positives Erlebnis erfährt. Zurückgeschraubte Erwartungen sind die Basis für eine angenehme Überraschung, wenn das Pferd die gestellten Anforderungen zufriedenstellend erfüllt oder sogar noch übertrifft. Als Faustregel kann man in etwa annehmen, daß es sich auf die Langlebigkeit eines Turnierpferdes auswirkt, wenn man ein Pferd in den ersten Turnierjahren schonend und wohlüberlegt einsetzt. Das Pferd muß über ein oder zwei Saisons Zeit bekommen, eine gewisse Routine zu entwickeln. Talentierte Pferde, die in den ersten Turnierjahren über Gebühr eingesetzt werden, sind meistens sehr schnell ausgebrannt.

Reiten am Tag zuvor?

Viele Reiter sind sich unsicher, ob sie ihr Pferd einen Tag vor einer Turnierprüfung reiten sollen oder nicht. Gerade der noch unerfahrene Reiter versucht oftmals, am letzten Tag vor dem Turnier noch Fehlerquellen auszumerzen, und trainiert verstärkt die Manöver, die bislang noch nicht sonderlich gut funktioniert haben. Das Pferd aber wird auch an diesem Tag ein bestimmtes Manöver nicht mehr lernen, wenn es die vielen Trainingstage und -wochen zuvor schon nicht fähig war, das Manöver zufriedenstellend auszuführen.

Ob man ein Pferd am letzten Tag vor der Prüfung reiten soll, hängt von vielerlei Faktoren ab. Wenn ein Pferd solide trainiert wurde (was Voraussetzung für eine Turniervorbereitung sein sollte) und man mit der Leistung seines Pferdes zufrieden ist, darf man dem Tier ruhig einen Tag Ruhe vor dem Turnier gönnen. Empfehlenswert ist ein Ruhetag vor allem, wenn der Turniertag sehr anstrengend sein wird und das Pferd auf dem Transport zum Turnier mehrere Stunden im Hänger stehen muß.

Bei längeren Anfahrten sollte der Transport möglichst schon einen oder besser zwei Tage vor der Prüfung stattfinden, damit das Pferd eine Regenerationsphase bekommen kann. Bei größeren, wichtigeren Turnieren sollte man möglichst schon zwei Tage vor der Prüfung anreisen, um das Pferd an die Umgebung, den Boden und die Arena zu gewöhnen. Dies gibt auch dem Reiter die Möglichkeit, sich entsprechend zu akklimatisieren. Es ermöglicht einem zudem, das Pferd in der Bahn, in der das Turnier stattfinden wird, zu reiten, was sich immer positiv auf die Vorführung auswirkt, da das Pferd die Bahn kennt und darum entsprechend gelassen in die Arena geht.

Die Tage vor der Prüfung sollten für das Pferd nicht mit übermäßigen Anstrengungen verbunden sein. Es wäre unsinnig, das Trainingspensum zu erhöhen oder mit Gewalt etwas erreichen zu wollen, was man im Training zuvor schon nicht erreichen konnte. Ein lockerer Ausritt hat in diesem Fall wesentlich mehr positive Aspekte zu bieten als ein hartes Training.

Stellt man aber bei einem Pferd fest, daß kleinere Korrekturen notwendig sind, die vielleicht nur vom Reiter bemerkt wurden, einem Außenstehenden aber nicht aufgefallen wären, müssen derartige Unstimmigkeiten am Tag vor der Prüfung klargestellt werden. Es kann zum Beispiel vorkommen, daß ein Pferd, das bislang immer zu 100 Prozent hart gestoppt hat, in der letzten Prüfung an einer bestimmten Stelle oder bei einem bestimmten Stop nicht die Leistung erbrachte, die seinem Talent entsprechen würde, weil es gemerkt hat, daß es sich in einer Prüfung befindet und der Reiter aufgrund dessen keine Maßregelung vornimmt. Solch ein Pferd sollte man am Tag vor der nächsten Prüfung entsprechend einstellen. Es muß dem Tier klar gemacht werden, daß der Reiter, wenn er die Hilfen zum Stop gibt, auch einen konsequenten Stop erwartet. Dies ist in erster Linie bei Pferden wichtig und notwendig, die bei jeder Gelegenheit versuchen, sich dem Reiter zu entziehen. Das Reiten am Tag vor einer Prüfung kann aber lediglich der Feinabstimmung gelten sowie der Lockerung und Entspannung, nie aber einem Training, aus dem man noch Ergebnisse erzielen kann.

Wenn man seine Erwartungen so niedrig wie möglich hält, wird man auch nicht in Versuchung kommen, dem Pferd einen Tag vor dem Turnier noch Leistungen einimpfen zu wollen, die es bislang noch nicht erreichen konnte. Eine niedrige Erwartungshaltung erspart viel Frust auf beiden Seiten und gibt dem Pferd die Chance, mit jedem weiteren Turnier zu wachsen, sich besser zu entfalten und damit größere Leistungen zu erbringen.

Ausrüstung und Kleidung

Zur Turniervorbereitung gehört vor der Abfahrt das sinnvolle Zusammenpacken der Ausrüstung. Dabei gilt die Devise, lieber zuviel als zuwenig einzupacken. Man sollte darauf achten, daß man genügend Futter und Einstreu sowie Futter- und Wassereimer für die Versorgung des Pferdes mitnimmt. Je nachdem, mit wie vielen Pferden man auf ein Turnier fährt, müssen ein oder zwei Ersatzhalfter und stabile Anbindestricke im Gepäck sein. Auch verschiedene Gebisse sollte man vorsorglich einpacken, selbst wenn man meint, daß man sie nicht brauchen wird. Es ist besser, man hat ein Gebiß zuviel dabei, als daß man auf dem Abreiteplatz steht und ein Gebiß vermißt. Es sollte das Trainingspad sowie das Showpad eingepackt werden, und auch die Beinschoner sollten in doppelter Ausführung vorhanden sein.

Obwohl ein Turnier-Tierarzt immer vor Ort ist, muß man auch an die Erste-Hilfe-Ausrüstung denken. Zumindest sollten in jedem Fall ein Desinfektionsspray für kleinere Verletzungen, Mullbinden, Kühlgels sowie unter anderem zur Ruhigstellung eine Nasenbremse in der Notfallapotheke vorhanden sein. Auch bereits vorgefertigte und angepaßte Hufeisen helfen dem Turnierschmied, ein verlorenes Eisen schnell zu ersetzen und das Pferd wieder einsatzfähig zu machen.

Für die Pflege des Pferdes müssen Putzzeug, Hufkratzer, Huföl, eventuell Fellglanzspray und Mähnenkamm vorhanden sein. Mit einem Schwamm und einem Eimer Wasser (hierfür sollte nicht der Tränkeimer verwendet, sondern ein separater Eimer mitgenommen werden) kann an heißen Turniertagen das Pferd mit kühlem Wasser abgewaschen werden, wenn keine Abspritzanlage zur Verfügung steht. Ebenso dürfen selbstverständlich Abschwitzdecken, für kühle Tage wärmende Decken und bei Regentagen Regendecken nicht fehlen. Es muß auf dem Turnier alles zur Verfügung stehen, was auch zu Hause für eine gewissenhafte Versorgung des Pferdes notwendig ist. Allzu vergeßliche Reiter sollten sich eine Liste erstellen, nach der sie die gesamte Ausrüstung Stück für Stück einpacken.

Nicht vergessen sollte man auf jeden Fall den Impfpaß für das Pferd. Auch der Nachweis über die Haftpflichtversicherung kann nützlich sein. Ein ausreichender Impfschutz und eine Haftpflichtversicherung sind Voraussetzungen für die Teilnahme auf jedem Turnier. Es ist immer von Vorteil, wenn man diese an Ort und Stelle vorweisen kann, sollte es Probleme irgendwelcher Art geben.

Neben der Ausstattung für das Pferd darf der Reiter seine eigene Ausrüstung nicht vergessen. Ohne Westernhut oder -stiefel darf der Reiter nicht in der Arena erscheinen, will er nicht disqualifiziert werden. Man sollte Wert darauf legen, daß die Show-Kleidung stets sauber und ordentlich ist. Auch Sattel und Zaumzeug und natürlich das Pferd selbst sollten in gepflegtem Zustand sein, denn dies demonstriert dem Richter eine Wertschätzung gegenüber dem eigenen Pferd, die indirekt Einfluß auf das Verhalten des Richters haben kann. Wenn man den Eindruck vermittelt, es sei einem egal, wie man selber und sein Pferd aussieht, und seinem Sportkameraden damit keinerlei Wertschätzung entgegenbringt – warum sollte dann der Richter, der mit dem Pferd nicht einmal etwas zu tun hat, ihm irgendwelche Wertschätzung entgegenbringen?

Andererseits wird keiner eine Reining gewinnen, nur weil er einen besonders schön verzierten Sattel hat. In einer Reining zählt immer noch in erster Linie die Leistung des Pferdes. In einer Horsemanship-Prüfung kann man dagegen etwas mehr Wert auf eine geschmackvolle Ausstaffierung des Reiters legen, da hier das äußere Erscheinungsbild stärker in die Bewertung einfließt. Eine übertriebene „Auftakelung“ wird in jeder Prüfung aber einen eher negativen Eindruck hinterlassen. Die Bewertung des äußeren Erscheinungsbildes ist immer Geschmackssache, doch wird jegliches Übertreiben zur einen oder zur anderen Seite keine positiven Aspekte bringen.

Der Beschlag

Ein wichtiger und nicht zu unterschätzender Punkt bei der Vorstellung von Reiningpferden ist ein entsprechender Hufbeschlag. Von Reiningpferden erwartet man, daß sie in hoher Geschwindigkeit spektakuläre Manöver ausführen können. Um dies zu bewerkstelligen, ist unbedingt ein korrekter und passender Beschlag notwendig. Wie bei jedem anderen Performance-Pferd innerhalb der Westernreiterei kann man nur Höchstleistungen erwarten, wenn der Beschlag es dem Pferd auch ermöglicht, seinen Veranlagungen und seinem Leistungsniveau entsprechend zu arbeiten.

Zunächst einmal sollte darauf geachtet werden, daß das Pferd entsprechend seiner natürlichen Beinstellung getrimmt wird. Dies gewährleistet, daß das Pferd mit seiner ganzen Sohle flach auffußt. Nur dann kann sich das Pferd in seinen Bewegungsabläufen sicher fühlen und in höherer Geschwindigkeit im Gleichgewicht bleiben. Wenn das Pferd nicht so beschlagen ist, daß es mit allen vier Beinen gleichmäßig auffußen kann, wird sich dieses Problem in höherer Geschwindigkeit verstärken, was zur Folge hat, daß sich das Pferd im Training unwohl fühlt und bei der Ausführung bestimmter Manöver unwillig reagiert.

Der Hufwinkel sollte von der Seite aus betrachtet vorne wie hinten dem Winkel des Fesselgelenks entsprechen. Die Zehe (hauptsächlich die der vorderen Hufe) sollte möglichst kurz getrimmt und eventuell mit einer leichten Zehenrichtung versehen werden, damit ein schnelles *Break over* möglich ist. Das bedeutet, daß damit dem Pferd das Abrollen erleichtert wird und es so schneller vom Boden wegkommt. Dies ist gerade bei extremen Bewegungsabläufen wie beispielsweise dem

Turn around von Vorteil. Bei den Hinterfüßen kann die Zehe ein wenig länger gehalten werden, die Winkelung sollte aber genau der Fesselwinkelung entsprechen. Es gibt sicherlich keinen Standardwinkel, der überall anwendbar wäre; dennoch kann man generell davon ausgehen, daß die Winkelung im Vorderbeinbereich an die 55 Grad, die Winkelung der hinteren Hufe ungefähr 52 Grad betragen sollte.

Normalerweise wählt man für ein fertig ausgebildetes Turnierpferd *Sliding plates* mit einer Breite von einem Zoll, die hinten so weit über den Huf hinausragen, daß die Ballen abgedeckt sind. Es empfiehlt sich, junge Pferde mit nur 3/4 Zoll breiten Eisen, den sogenannten *Cowhorse plates*, beschlagen zu lassen, weil die Pferde hiermit leichter stoppen lernen. Verwendet man 1 Zoll breite Eisen, kann es vorkommen, daß diese beim Stoppen zu sehr nachgeben, das Pferd dadurch unter Umständen zu sehr überrascht wird und das notwendige Vertrauen für den Stop verliert. Erst wenn das Pferd in der Lage ist, einen längeren *Sliding stop* sicher auszuführen, können breitere *Sliding plates* helfen, den Stop zu perfektionieren.

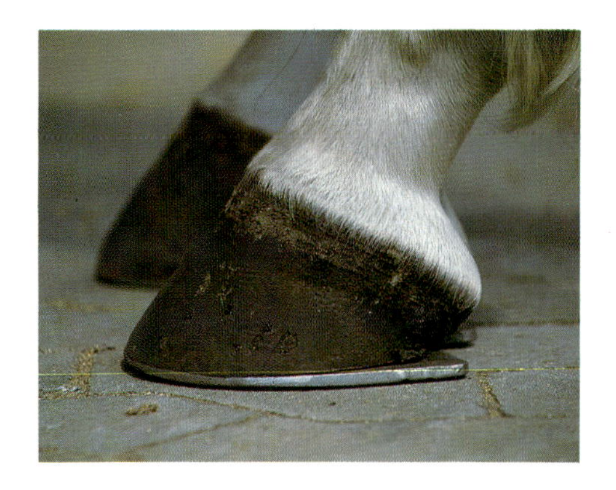

Beim Standard-Sliding-Beschlag sollten die Ballen der Hinterhufe durch das Eisen abgedeckt werden.

Ein 1-Zoll-Standard-Sliding-Beschlag

Über eine Eisengröße von einem Zoll sollte man nur in Ausnahmefällen hinausgehen, weil Eisen mit 1 1/4 Zoll in der Regel zu schwer sind und nicht genug Hufsohle frei bleibt, um dem Pferd ein sicheres Gefühl – vor allem in den schnellen Zirkeln – zu vermitteln.

Pferde, die leichte Gebäudeprobleme haben – dies wären im allgemeinen Pferde mit etwas kuhhessiger Stellung der Hinterbeine –, kann man korrigieren, indem man das Eisen geringfügig dreht und so unternagelt, daß die Zehenachse „in Fahrtrichtung" zeigt, auch wenn der Huf etwas nach außen steht. Dies hilft dem Pferd im Stop, dennoch gerade zu bleiben, was sich wiederum förderlich auf das Vertrauen des Pferdes auswirkt.

Reiningpferde zu beschlagen setzt sehr viel Erfahrung voraus. Der Schmied sollte in der Lage sein, ein Pferd individuell nach dessen Bedürfnissen beschlagen sowie dessen Probleme erkennen und beheben zu

Zukünftige Reiningpferde gewöhnt man am besten rechtzeitig an die Turnieratmosphäre.

können. Je nach Pferd ist eine Beschlagsperiode beim Reiningpferd auf vier bis sechs Wochen ausgelegt.

Am Turniertag

Der Turniertag sollte in jedem Fall so geplant werden, daß man als Reiter keinem Zeitdruck unterworfen ist. Es muß genügend Zeit bleiben, um das Pferd ohne Streß und Hektik auf die Prüfung vorzubereiten. Die Vorbereitungsphase kann von Pferd zu Pferd, aber auch von Reiter zu Reiter unterschiedlich sein. Miteinzurechnen ist neben der Abreitezeit, der Pflege und dem Satteln des Pferdes sowie dem Umziehen des Reiters auch die Zeit für das Besorgen der Startnummer an der Meldestelle. Je nach Typ, Alter und Ausbildungsstand des Pferdes ist außerdem eine bestimmte Eingewöhnungsphase am Turnierplatz notwendig.

Die Eingewöhnung

Ein versiertes Turnierpferd gewöhnt sich relativ schnell an die Atmosphäre auf einem Turnier. Ideal ist es aber dennoch, wenn man den Abend zuvor oder vor der Prüfung in der Arena reiten kann, da sich das Pferd mit dem Publikum und der Bandenwerbung auseinandersetzen kann. Dies ist gerade für junge Pferde wichtig, die noch nicht sehr oft auf einem Turnier waren. Man sollte sichergehen, daß das Pferd die Richterstühle registriert hat. Man kann einen Helfer bitten, sich auf einen der Stühle zu setzen, damit das Pferd eine Person dort sitzen sieht, wie es letztendlich auch in der Prüfung sein wird.

Problematisch kann vor allem eine Turnierteilnahme mit Hengsten werden, da sich diese sehr leicht von anderen Pferden ablenken lassen. Ein Hengst muß darum in erster Linie an die Anwesenheit anderer Pferde gewöhnt sein, damit die übliche Quengelei aufhört, was die Konzentration innerhalb der Prüfung stark behindern würde.

Auch das Wetter kann einen bestimmten Einfluß haben und sich zum Beispiel auf die Dauer des Warmreitens auswirken. Ein Pferd muß aber lernen zu akzeptieren, daß es auf einem Turnier genauso konzentriert arbeiten muß wie auf dem heimatlichen Reitplatz.

Pferde, die auf dem Turnierplatz nervös sind und sich nicht innerhalb kurzer Zeit beruhigen lassen, haben wahrscheinlich nicht das notwendige Nervenkostüm. Ein Pferd kann aber nur ein gutes Reiningpferd werden, wenn es gelassen genug ist. Diese Gelassenheit braucht es allerdings schon, um das Training überhaupt durchstehen zu können. Darum bringt ein gutes Reiningpferd in der Regel auch das entsprechende Nervenkostüm für den Einsatz auf dem Turnier mit und dürfte diesbezüglich keine großen Probleme haben.

Möglicherweise beeinflußt die Turnieratmosphäre den Reiter viel stärker als sein Pferd. Angst und Nervosität können sich auf das Pferd übertragen oder zumindest Unsicherheit auslösen. Besonders Turnierneulinge haben mit der Nervosität stark zu kämpfen. Es ist darum zu empfehlen, sich immer nur auf das zu verlassen, was man zu Hause trainiert hat, und nicht zu versuchen, zwingend jemand anderen zu schlagen.

Nervosität abbauen

Nervosität entsteht oftmals auch dann, wenn der Reiter unsicher ist, möglicherweise weil sein Pferd nicht genügend auf das Turnier vorbereitet ist. Ein Reiter aber, der seine Hausaufgaben erledigt hat, kann ruhig Vertrauen in sein Pferd setzen. Das gibt dem Reiter die nötige Sicherheit, eine gute Aufgabe zu reiten. Es wird immer einige Reiter und Pferde geben, die nur sehr schwer zu schlagen sind. Die Stärken und Schwächen seines Pferdes muß man darum gut einzuschätzen wissen. Wenn man sich realistische Chancen ausrechnet und den oftmals selbst auferlegten Zwang, siegen zu müssen, vergißt, kann man schon sehr viel Druck von sich nehmen.

Obwohl der Profireiter unter größerem Erfolgszwang steht als der Hobbyreiter, ist die Nervosität bei beiden oftmals gleich. Gerade der Hobbyreiter könnte sich aber leisten, ganz nach dem olympischen Grundgedanken „Dabeisein ist alles" an Turnieren teilzunehmen. Sicherlich ist es eine sehr große Leistung, einen Sieg zu erringen, doch oftmals ist es eine noch größere Leistung, verlieren zu können. Dieser Charakterzug gehört zur Sportsmanship einfach dazu, denn jedem ist es schon einmal passiert, daß er sich in einer Prüfung verritten oder fünf- anstatt viermal gedreht hat. Es können auch dem Pferd Fehler unterlaufen, gegen die der Reiter machtlos ist. Dafür hat man es mit Lebewesen zu tun, und man kann nicht erwarten, daß das Pferd oder der Reiter stets perfekte Leistungen erbringen.

Nervös können einen auch die guten Leistungen anderer Reiter machen, die man dann aufgrund falschen Ehrgeizes versucht, selbst ebenfalls zu erbringen. Es kann einen dazu verleiten, mehr vom Pferd zu verlangen, als man eigentlich erwarten dürfte. Deshalb ist jedem Reiter anzuraten, sich nicht allzusehr mit den Konkurrenten zu beschäftigen, sondern lediglich seinem eigenen und dem Können seines Pferdes zu vertrauen.

Im Verlauf der Jahre und je öfter man an Turnieren teilnimmt, desto eher weicht die Nervosität einer gesunden Anspannung, die für eine konzentrierte Vorstellung in der Arena nur nützlich ist.

Hat man auf einem Turnier einen Sieg errungen, kann man sicherlich mit sich und der Leistung seines Pferdes

Auch wenn es auf dem Abreiteplatz einmal eng hergeht, ist die individuelle Vorbereitung jedes Pferdes wichtig.

zufrieden sein. Doch oftmals ist es eine größere Kunst, verlieren zu können und die Leistungen von anderen Reitern neidlos anzuerkennen. Die eigene Leistung sollte man außerdem nicht unbedingt an Plazierungen messen, sondern am eigenen möglichen Leistungspotential und dem seines Pferdes.

Das Abreiten

In erster Linie dient das Abreiten vor der Prüfung dem Aufwärmen und Lockern der Muskulatur des Pferdes. Das Pferd soll dabei jedoch nicht müde geritten werden. Es ist also unsinnig, eine Stunde lang ständig im Galopp seine Runden zu drehen, bis das Pferd schweißgebadet ist. Wenn ein gut durchtrainiertes Pferd leicht zu schwitzen beginnt, ist es in der Regel warm genug, um sich bei spektakulären Manövern keine Verletzungen zuzuziehen. Zum Aufwärmprogramm gehören hauptsächlich gymnastizierende Übungen, um die Muskulatur locker und weich zu machen.

Während des Warmreitens wird das Pferd auf die bevorstehende Aufgabe auch mental eingestellt, es wird entsprechend „getuned“, damit der Reiter sicher sein kann, daß das Pferd in der Prüfung so zuverlässig wie möglich seinem Leistungspotential entsprechend auf die Hilfen reagiert und dem Richter damit den Eindruck vermittelt, daß es die geforderten Aufgaben mit Leichtigkeit, aber dennoch zuverlässig und spektakulär ausführen kann.

So kann es durchaus helfen, daß man das Pferd unmittelbar vor der Prüfung nochmals auf beide Seiten drehen läßt, wenn die Prüfung mit den *Turn arounds* beginnt. Wenn die *Pattern* als erstes Manöver Galoppzirkel vorschreibt, sollte man primär darauf achten, daß das Pferd das *Lead departure*, also das Angaloppieren auf dem Zirkel, zuverlässig ausführt.

Es ist von Fall zu Fall verschieden, wie ein Pferd vor einer Prüfung am besten

Reiter und Pferd müssen sich auch mental auf die Prüfung vorbereiten.

abgeritten wird. Falsch ist auf jeden Fall, bestimmte schwierige Manöver wie den *Spin* oder *Sliding stop* vor der Prüfung „auf Teufel komm raus" abzurufen, als wolle man dem Pferd in den letzten fünf Minuten alles beibringen, was es vorher nicht gelernt hat. Man sieht immer wieder sehr viele Pferde, die auf dem Abreiteplatz hervorragend stoppen oder überdurchschnittlich drehen, und trotzdem werden sie in diesen schwierigen Manövern von ihren Reitern unaufhörlich gedrillt. Dies geschieht meist aus mangelndem Vertrauen zu sich selbst und seinem Pferd. Zu 90 Prozent kann man davon ausgehen, daß dann in der Arena überhaupt nichts mehr funktioniert oder aber lediglich die Hälfte von dem, was das Pferd auf dem Abreiteplatz zustande gebracht hat.

Ein weiterer Grund, daß es in der Arena nicht so gut funktioniert wie auf dem Abreiteplatz, ist darin zu suchen, daß viele Pferde sehr schnell lernen, daß der Druck, mit dem sie auf dem Abreiteplatz geritten werden, innerhalb der Prüfung nicht mehr gegenwärtig ist, wobei die Pferde dann quasi auf „halbe Kraft" herunterschalten. Dies kann sich aber auch darin äußern, daß sie im *Spin* blockieren, den Stop ignorieren oder einfach stationär gegen die Reiterhand gehen.

Man muß seinem Pferd vertrauen, wenn man gute Leistungen erzielen will. Beim Abreiten sollte man mehr gymnastizierende Übungen reiten, als das Pferd mit den Manövern selbst zu drangsalieren. Wenn ein Pferd vier- oder fünfmal hintereinander zufriedenstellend gedreht hat, gibt es keine Veranlassung zu glauben, daß es dies in der Arena nicht tun wird. Wie beim Training zu Hause sollen auch beim *Warm up* vor der Prüfung immer fünf anstatt der in der *Pattern* verlangten vier *Spins* zur Ausführung kommen, damit das

Das Pferd darf durch die Anforderungen der Prüfung nicht überfordert werden.

Pferd nicht auf die Idee kommt, womöglich vorzeitig abzubremsen.

Trainieren in der Prüfung

Eine Prüfung als Training zu benutzen kann in manchen Situationen durchaus hilfreich sein. Sollte das Pferd innerhalb einer Prüfung außer Kontrolle geraten, kann man zum einen sowieso keinen Blumentopf mehr gewinnen, und zum anderen wird man dabei meistens gezwungen, mit der zweiten Hand in die Zügel zu greifen, um das Pferd wieder unter Kontrolle zu bekommen, was eine Disqualifikation zur Folge hat. Es ist aber sinnvoll und notwendig, nun die Prüfung nicht etwa zu beenden, sondern die Prüfungsaufgabe kontrolliert zu Ende zu reiten. Ein vorzeitiges Beenden der *Pattern* würde das Pferd provozieren, des öfteren den Versuch zu wagen, sich der Kontrolle des Reiters zu entziehen. Korrekturmaßnahmen sind darum sofort und unmittelbar angebracht, damit dem Pferd klar wird, daß es in der Arena nicht zwangsläufig machen kann, was ihm in den Sinn kommt.

Die zweite Möglichkeit ist, eine Prüfung zu nennen, die gezielt als Trainingspattern in Anspruch genommen wird. Man sollte aber nur innerhalb einer Prüfung trainieren, wenn das Pferd auf diese *Pattern* entsprechend vorbereitet und damit nicht überfordert ist. Für eine Trainingspattern wählt man in der Regel unwichtige Prüfungen, die nicht mit Preisgeld dotiert sind, oder eine Prüfung, in der man sich mit dem *Go round* zufrieden gibt. Wichtig ist, daß das Pferd die Prüfungsatmosphäre mitbekommt und damit unter Prüfungsbedingungen trainiert werden kann.

Es gibt Pferde, die dazu neigen, Manöver vorwegzunehmen: Sie rennen beispielsweise über einen Wechsel, konzentrieren sich nach zwei Zirkeln auf einen Wechsel, obwohl noch ein dritter Zirkel gefordert ist, oder sie beginnen beim *Run down* zu stocken, weil sie stoppen wollen, bevor der Reiter seine Hilfen hierzu gibt. Wenn man spürt, daß dieses Verhalten zum Problem wird, ist eine Trainingspattern unter Turnieratmosphäre durchaus angebracht und wichtig. Für den Fall, daß das Pferd beispielsweise versucht, selbständig zu wechseln, läßt man das Pferd mehrere Zirkel hintereinander ohne Wechsel galoppieren. Es wäre aber unsinnig, das Pferd nun über mehrere Galoppwechsel zu jagen, weil man damit genau den Fehler unterstützen würde, den man eigentlich beheben will.

Ist man in einer hochdotierten Prüfung, bei der man relativ gut dabei ist und sogar die Chance auf die Finalteilnahme hat, wird man sicherlich vom Trainieren absehen und versuchen, das Finale zu erreichen. Es ist nicht einfach, innerhalb einer Prüfung schnell zu entscheiden, eine nicht optimale *Pattern* noch so gut wie möglich zu Ende zu bringen oder den Rest der *Pattern* als Trainingseinheit zu nutzen und damit jede Möglichkeit auf eine eventuelle Plazierung aufzugeben.

Der Reiter muß von Situation zu Situation selbst entscheiden, was für ihn und sein Pferd letztendlich von Vorteil ist. Das Trainieren innerhalb einer Prüfung kann für das nächste Turnier sehr wohl einen positiven Aspekt bringen. Ein oder zwei Vorbereitungsturniere dieser Art vor einer wichtigen Meisterschaft können sich durchaus auszahlen.

Nach der Prüfung

Nach Beendigung der Prüfung sollte man das Pferd nicht gleich in die Box zurückbringen, sondern noch einige Runden auf dem Abreiteplatz reiten. Dem Pferd muß zum einen klar sein, daß es nach der Prüfung nicht gleich in den Stall darf, zum anderen soll es abkühlen. Wenn man mehrere Pferde in einer Prüfung startet, hat man in der Regel Helfer dabei, die diese Aufgabe übernehmen können.

Man kann das Pferd noch einige Runden locker galoppieren oder auch nochmals drehen, falls das Pferd gerade in diesem Punkt einen Fehler in der Prüfung gemacht hat. Wenn es in der Prüfung allerdings nicht gestoppt hat, sollte man hinterher nicht auf den Abreiteplatz gehen und verbissen den Stop trainieren. Dies sollte man zu Hause nachholen, wenn das Pferd wieder etwas frischer ist.

Reiter, die in einer Prüfung extreme Schwierigkeiten gehabt haben und denen das Pferd möglicherweise außer Kontrolle geraten ist, sieht man sehr häufig ihr Pferd auf dem Abreiteplatz mit allen möglichen Manövern drangsalieren und ihrer Frustration freien Lauf lassen. Dies ist dem Pferd gegenüber jedoch keineswegs gerecht, geschweige denn für das Training effektiv. Lieber geht man auf dem heimatlichen Reitplatz zu einem sinnvollen Training über.

Hilfe von Reiterkollegen

Man sollte ein Turnier nicht als „Schlachtfeld" betrachten, auf dem man in seinen Reiterkollegen nur Feinde sieht. Sicherlich ist es für manche schwierig, den Neid zu unterdrücken, wenn ein anderer Reiter beispielsweise ein besseres Pferd hat oder eine größere Leistung vollbringt. Gerade aber wenn es um viel Geld geht, ist es für viele Reiter schwierig, sich fair zu verhalten. Dabei sollte Fairneß unter den Reitern stets oberstes Gebot sein, und es sollte die Einstellung gelten, daß nur der Bessere gewinnen soll und nicht derjenige, der die meisten Tricks auf Lager hat.

Ein offenes Wort zur Partnerschaft unter den Reitern: Wenn ein Reiter seinen Konkurrenten beispielsweise vor einer Reiningprüfung fragt, ob zuerst ein Links- oder ein Rechtszirkel gefordert ist, und der

Hilfe von Reiterkollegen sollte unter den Reitern selbstverständlich sein.

Gefragte absichtlich eine falsche Auskunft gibt, weil er sich damit erhofft, daß der andere Reiter keine Chance auf den Sieg mehr hat, wenn er falsch angaloppiert, ist das schlichtweg eine grobe Unsportlichkeit. Es ist nicht immer einfach, eine Prüfungsaufgabe im Kopf zu behalten, vor allem wenn man diese *Pattern* nicht so oft reitet. In fast allen Westernreitdisziplinen sind die Aufgaben auswendig zu reiten; da kann es einem Reiter schon einmal passieren, daß er vor Nervosität die *Pattern* vergißt. Für den fairen Turnierreiter, dem es darum geht, wer die bessere Leistung in der Arena zeigt, sollte es eine Selbstverständlichkeit sein, seine Reiterkollegen zu unterstützen, wo immer er kann. Jeder kann einmal vergessen, den eingeflochtenen Schweif zu entflechten oder die Gamaschen vor der Trail-Prüfung zu entfernen. Jeder Reiter wird dankbar sein, wenn man ihn auf solche Dinge aufmerksam macht. Irgendwann kommt man selbst einmal in eine derartige Situation und ist froh, wenn man von seinen Mitstreitern Hilfe bekommt.

Die Hilfe von Reiterkollegen kann auch darin bestehen, daß sie einen darauf hinweisen, an welcher Stelle in der Arena es rutschig oder wo der Boden gut zum Stoppen ist. Gegenseitige Hilfe unterstützt insgesamt betrachtet bessere Leistungen in der Arena und kann dem Westernreitsport somit nur förderlich sein. Für einen echten Sportsmann sollte das kollegiale Verhalten unter den Turnierreitern also eine Selbstverständlichkeit sein.

In der Arena

Wenn sich das Tor öffnet und man in die Arena einreitet, sollte man ein klares Konzept vor Augen haben, was man von sich und seinem Pferd erwartet. Normalerweise wird nun auch die größte Nervosität von der Konzentration verdrängt, so daß die notwendige Anspannung für eine gute Prüfung gewährleistet ist. Bei Betreten der Arena gilt der erste Blick dem Richter, ob dieser einem bereits seine Aufmerksamkeit schenkt. Wenn Richter und Ringstewart sich unterhalten oder noch Punkte ausrechnen, sollte man abwarten, bis sie damit abgeschlossen haben.

Der nächste Blick geht zu den Markern. Man muß sich vergewissern, wo sie stehen. Ganz besonders wichtig ist der Mittelmarker, der den Richtern gegenüber plaziert ist. Denn an diesem Marker orientieren sich die Richter und nehmen ihn als die Mitte der Arena an.

Auch dem Boden sollte man bei der Reining Aufmerksamkeit schenken. Die Spuren lassen oftmals schon erkennen, wo der Boden eventuell tief ist. Solche Stellen sollte man dann meiden und mehr zur Mitte hin ausweichen. Wenn mehrere Reiter vor einem geritten sind, ist der Boden dort, wo die *Spins* stattfinden, meist schon recht aufgewühlt und uneben. Wenn man bereits einige Meter vor dieser Stelle stoppt und dort seine *Turn arounds* ausführt, wird der Richter dies nicht mit Strafpunkten belegen, denn auch er weiß, daß die Gegebenheiten des Bodens entscheidenden Einfluß auf die Art und Weise haben können, wie ein Pferd vorgestellt werden kann.

Ein erfolgreiches Duo: Kay Wienrich mit Glo Plus One *(im Besitz von Wolfgang Zwanziger und der Flachsberg Ranch) sind Europameister 1996 in der Reining.*

Beeinflussungen

Was die Turnierprüfung vom Training unterscheidet, ist an erster Stelle das Publikum. Je mehr Zuschauer sich um die Arena drängen, desto größer kann die Nervosität beim Reiter sein. Szenenapplaus – beispielsweise für einen gelungenen *Sliding stop* – stellt normalerweise einen Antrieb für den Reiter dar und trägt zur positiven Atmosphäre bei. Dennoch kann er für das Pferd ein Störfaktor sein, besonders dann, wenn der Geräuschpegel über ein bestimmtes Maß hinausgeht und selbst das abgebrühteste Turnierpferd nervös werden läßt.

Es ist immer schade, wenn durch übertriebene Beifallsbezeugung ein Pferd aus dem Konzept gebracht wird und sein Programm dann nicht ordnungsgemäß absolvieren kann. Ein gutes Turnierpferd kann zwar allerhand „Lärm" vertragen und läßt sich durch derartige Einflüsse nur selten oder sehr schwer aus dem Konzept bringen. Gerade bei jungen und noch unerfahrenen Turnierpferden können äußere Einflüsse durch das Publikum oder andere Gegebenheiten (bei Freiluftveranstaltungen eventuell der Wind, der Absperrbänder oder Fahnen bewegt, die das Pferd ablenken könnten) aber einen Strich durch die Rechnung machen. Solche Pferde brauchen dann möglicherweise einige Turniere, um sich an solche Störfaktoren zu gewöhnen. Man sollte sich ganz einfach nicht entmutigen lassen, wenn ein Pferd plötzlich unvorhergesehen reagiert. Ärgerlich ist es natürlich, wenn ein Pferd sich absolut nicht an die Turnieratmosphäre gewöhnen kann und das Gelernte nur zu Hause abrufbar ist, denn ein solches Pferd ist für den Turniersport auch dann nicht geeignet, wenn es – ohne Publikum – die längsten Stops und die schnellsten *Spins* ausführen kann.

Wenn einem jungen oder noch unsicheren Pferd die Einflüsse „über den Kopf" wachsen, kann es auch einmal passieren, daß es innerhalb der Prüfung außer Kontrolle gerät. Dann ist es besser, wenn man die Prüfung abbricht. Mit einer richtigen Vorbereitung kommt dies aber nur selten vor.

Um ein junges Pferd an die Turnieratmosphäre zu gewöhnen, kann es während der Pausen auf dem Abreiteplatz geritten werden.

Eine fundierte Vorbereitung beinhaltet auch, daß man ein Pferd so oft wie möglich zu einem Turnier mitnimmt, um es einfach der Turnieratmosphäre auszusetzen. Dabei muß das Pferd nicht unbedingt bei Turnierprüfungen teilnehmen, sondern kann beispielsweise auf dem Abreiteplatz oder während der Pausen geritten werden. Je früher man damit beginnt, desto besser ist dies für die Entwicklung des Turnierpferdes.

Erfolgreich – und nun?

Es wird immer ein Resultat von konsequenter und gut durchdachter Trainingsarbeit sein, wenn man nach allen Mühen des Trainings, der nervlichen Belastung sowie dem hohen Aufwand an Zeit und Geld eine Plazierung oder gar einen Sieg erringt. Dann kann man sich sicher sein, daß einem ein talentiertes und überdurchschnittlich gutes Pferd zur Verfügung steht, bei dem der mühevolle Trainingsaufwand auf fruchtbaren Boden gefallen ist. Andauernder Erfolg aber wird dem beschert sein, der einerseits das Glück hat, entsprechend qualifizierte Pferde reiten und trainieren zu können, andererseits aber trotz seines Erfolges immer ein offenes Ohr und ein offenes Auge für Ratschläge, Tips und Erfahrungen anderer Reiter hat.

Gerade beim Pferdetraining gilt die Devise: „Man lernt nie aus." Jeder erfolgreiche Pferdetrainer wird bestätigen, daß man immer von anderen lernen kann – sei es von ihren Fehlern und Schwächen oder von ihren Stärken und Erfolgen. Genau-

Nach der Prüfung: Hat die Leistung für den Sieg gereicht?

sogut aber wird jeder Reiter auch von anderen Pferden viel Neues lernen können, denn niemals darf man vergessen, daß auch die Erfahrung eine sehr große Rolle für ein erfolgreiches Pferdetraining spielt.

Jeder Sieg, den man erringt, ist auch dem Partner Pferd zu verdanken, denn nur dessen Leistungsbereitschaft und die Gabe, sich unterzuordnen, um den Wünschen des Reiters Folge zu leisten, können einem zum Sieg verhelfen. Auch wenn man ein noch so guter Reiter oder Trainer ist, zum Siegen gehören immer zwei – Reiter und Pferd! Das Turnierreiten im Westernreitsport ist Teamarbeit. Jeder Pferdetrainer weiß, daß das Training nicht nur „Zuckerbrot" für ein Pferd bedeutet, wenn es darum geht, Höchstleistungen zu erbringen. Dabei ist es gleich, ob man sich der Reining oder einer anderen Disziplin des Westernreitens verschrieben hat. Es muß immer auch die gern zitierte „Peitsche" eingesetzt werden, denn nur Konsequenz und die zum richtigen Zeitpunkt eingesetzte notwendige Härte, gepaart mit einer großen Portion gesunden Menschenverstandes, wird früher oder später zum Erfolg führen.

Die richtige Dosierung von Strafe und Belohnung ist das wichtigste Erfolgsrezept auf dem Weg zu einem erfolgreichen Turnierreiter, der aber niemals vergessen darf, daß er es mit einem lebenden Wesen zu tun hat, das eine stets faire Behandlungsweise verdient.

Wenn die Leistung diesmal nicht gereicht hat, gibt es immer ein nächstes Mal.

Nachwort

Mit der immer größer werdenden Popularität der Westernreiterei, insbesondere des Reiningsports, sind in den letzten Jahren viele Publikationen erschienen, die dem interessierten Westernreiter sachkundige Informationen über das Training eines Reiningpferdes vermitteln. Dieses Buch soll im einzelnen nicht nur eine Trainingsanleitung sein, sondern dem turnierambitionierten Reiter zusätzlich Tips rund um das Trainieren und Showen von Reiningpferden geben. Dennoch wird man auch nach der Lektüre sämtlicher am Markt erschienenen Publikationen nicht ohne weiteres in der Lage sein, ein Reiningpferd auszubilden und zu trainieren, denn zu einem erfolgreichen Pferdetrainer gehört mehr als nur das Studium einiger Bücher. Viele Dinge, die einen guten Pferdetrainer auszeichnen, sind nur im täglichen Umgang mit Pferden und mit langjähriger Erfahrung zu erwerben. Kein theoretisches Wissen kann die Praxis ersetzen. Trotzdem ist die Theorie notwendig, um viele Fehler erst gar nicht entstehen zu lassen.

Ein guter Reiter muß nicht zwangsläufig auch ein guter Trainer sein. Darum hat es oft gar keinen Sinn, das eigene Pferd selbst zu trainieren. Vielfach ist man besser beraten, ein talentiertes Pferd einem guten, professionellen Trainer anzuvertrauen, der die Zeit und Erfahrung hat, das Pferd fachmännisch auszubilden und zu trainieren. Pferde, die der Besitzer bereits selbst ein wenig zu trainieren versucht hat, brauchen in der Hand eines professionellen Trainers dann meist mehr Zeit als Pferde, die der Profi noch völlig „roh“ in Beritt bekommen hat. Manche Pferde sind sogar nur noch sehr schwierig zu korrigieren.

Auch wenn ein professioneller Trainer empfiehlt, ein Pferd aus dem Training zu nehmen, weil es sich als zukünftiges Reining-Turnierpferd nicht eignet, sollte man auf diesen Rat hören. Wenn das Training eines Pferdes und das richtige Einschätzen seines Potentials so einfach wäre, würde das Lesen einiger Bücher vielleicht ausreichen. So einfach ist die Sache nun aber nicht.

Dieses Buch zeigt in manchen Punkten eine etwas andere Perspektive, als man sie von anderen Büchern gewohnt ist. Für den Reiningreiter soll es eine Bereicherung für das Reiten und Trainieren seines Pferdes darstellen.

Anhang

Die Autoren

Kay Wienrich: geb. 26. 4. 1957 in Magdeburg, aufgewachsen in Düsseldorf, lebt als Westerntrainer in Schwanenwede/Bremen.

Mit neun Jahren hatte Kay Wienrich durch seine Eltern die ersten Reitstunden. Einige Jahre später wurde er durch die Artikel von Jean-Claude Dysli in den Fachzeitschriften „Freizeit im Sattel" und „Reiter Revue" auf das Westernreiten aufmerksam. Diese Reitweise faszinierte ihn, so daß er sich immer stärker damit befaßte. Kay Wienrich hatte nie ein eigenes Pferd, sondern immer das Glück, die Pferde anderer Leute reiten zu können. Dies lief allerdings meist darauf hinaus, daß er nicht die einfachsten Pferde unter den Sattel bekam.

Im Alter von 17 Jahren lernte er Kurt Lissner kennen, den damaligen 1. Vorsitzenden der neu gegründeten DQHA, der ihm den Zugang zur Quarter-Horse-Szene verschaffte, wo er auch seinen jetzigen Partner Horst Geier kennenlernte. Das war auch der Anlaß für seinen ersten USA-Besuch, wo er ein halbes Jahr auf einer Ranch in New Mexico arbeitete.

1979 baute Kay Wienrich zusammen mit Horst Geier die Flachsberg Ranch zu einem kommerziellen Unternehmen aus. Kay Wienrichs berufliche Erfolge erstrecken sich auf mehrere Europameisterschafts- und Deutsche-Meisterschaftstitel. Dreimal in Folge, und insgesamt viermal, hat er die NRHA-Futurity in Deutschland gewonnen, dreimal in Folge den Equitana Reining Cup. Mit „Doc Chex" hat er ein Pferd trainiert, das auf der AQHA-World Show in Amerika im Finale der Working Cowhorse stand und dort einen hervorragenden elften Platz belegte.

Renate Ettl: geb. 18. 2. 1966 in Landshut, aufgewachsen in Dingolfing, verheiratet, lebt in Niederbayern als Journalistin und Schriftstellerin.

Obwohl ihre Familie nie etwas mit Pferden zu tun hatte, stand das Pferd schon in frühester Kindheit im Mittelpunkt ihres Lebens. Mit zwölf Jahren nahm sie die ersten Reitstunden in Dressur und Springen. Schon zwei Jahre später entdeckte sie das Westernreiten als die geeignete Reitweise für ihre Einstellung und ihren Umgang mit Pferden. Einige Jahre betrieb sie aber den klassischen Dressursport und das Westernreiten parallel. Schließlich wechselte sie endgültig zur Westernreitweise über.

Kurze Zeit später kaufte sie ihr erstes eigenes Pferd, eine sehr schwierige, weil verdorbene Stute. Renate Ettl bildete das Pferd auf ihre Weise aus und brachte das Pferd bis zur Turnierreife. Zu den Erfolgen gehörten zahlreiche Siege und Plazierungen auf Qualifikations- und Meisterschafts-Turnieren in den Disziplinen Rei-

ning, Trail, Horsenmanship, Super Horse, Barrel race und Pole bending. Mittlerweile trainiert sie mehrere eigene und fremde Pferde.

Renate Ettl ist spezialisiert auf die Korrektur verdorbener Pferde und die Ausbildung junger Pferde in der Westernreitweise, wobei sie stets großen Wert auf eine vielseitige Ausbildung legt. Ihre Erfahrung und ihr Wissen hat sie schon früh in Artikeln in Pferdefachzeitschriften weitergegeben. So konnte sie ihr Hobby mit dem Beruf verbinden: Sie arbeitet hauptberuflich als Journalistin, Schriftstellerin und Fotografin im Lokal- und Fachjournalismus für Tageszeitungen und diverse Pferdefachzeitschriften.

Fachzeitschriften

Quarter Horse Journal, Bremen
Western Horse, Wipperfürth
Western Horsemanship Magazine, Schwäbisch Gmünd
Western News, Sulz (Österreich)
Western Pferde Journal, Sulzbach

Nützliche Adressen

ApHCG/Appaloosa Horse Club
Ortstraße 19
89356 Hafenhofen
Tel.: 0 82 22/70 14

DQHA/Deutsche Quarter Horse Association
Landstraße 7
63939 Wörth/Main
Tel.: 0 93 72/50 31

EWU/Erste Westernreiter Union
Wallenbrücker Straße 24
49328 Melle
Tel.: 0 52 26/1 76 06

Flachsberg Ranch
28790 Schwanewede
Tel.: 0 42 09/24 48

NRHA/National Reining Horse Association
Amtsgarten 3
63916 Amorbach
Tel.: 0 93 73/71 00

VWB/Vereinigung der Westernreiter in Bayern e. V.
Oberpriel 2
85408 Gammelsdorf
Tel.: 0 87 66/91 44

Register